李臣说瓷

明清瓷器识真

李臣 著

学苑出版社

图书在版编目（CIP）数据

李臣说瓷：明清瓷器识真 / 李臣著. -- 北京：学苑出版社, 2019.8
　ISBN 978-7-5077-5791-0

Ⅰ.①李… Ⅱ.①李… Ⅲ.①瓷器(考古)—鉴赏—中国—明清时代 Ⅳ.①K876.34

中国版本图书馆CIP数据核字(2019)第182820号

责任编辑：洪文雄
编　　辑：张佳乐
封面设计：罗家洋
出版发行：学苑出版社
社　　址：北京市丰台区南方庄2号院1号楼
邮政编码：100079
网　　址：www.book001.com
电子邮箱：xueyuanpress@163.com
联系电话：010-67601101（营销部）010-67603091（总编室）
印　刷　厂：河北景丰印刷有限公司
开本尺寸：787×1092　1/16
印　　张：20
字　　数：226千字
版　　次：2019年10月第1版
印　　次：2019年10月第1次印刷
定　　价：360.00元

这是一位古陶瓷收藏爱好者，有感作此
素描画像一幅   阳山18.7.12.

作者简介

李臣，男，1941年出生于黑龙江省鸡西市，1964年定居北京，中共党员，大学本科，专业是搞运载火箭的，退休前在航天系统某单位任处长多年。在泰斗级瓷器专家故宫博物院耿宝昌老先生的指点下，从民间陶瓷爱好者成长为古瓷研究鉴赏家。现任北京北大资源研修学院文物系特聘教授，北京电视台财经频道《拍宝》栏目专家组专家。编著的图书有《明清瓷器识真》《瓷道》《明末清初瓷笔筒辨伪识真》《明末清初民窑瓷识真》《民间寻瓷记事》等。同时，在各大报刊发表瓷器收藏及鉴赏研究文章40余篇。

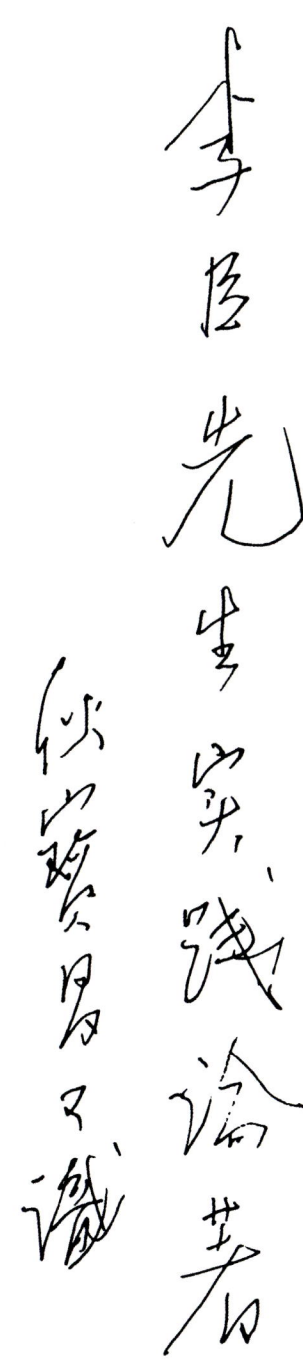

耿宝昌先生的题词

李臣电视台说瓷

金运昌敬题于紫禁城中

金运昌先生的题词

作者李臣（右）与耿宝昌先生交流

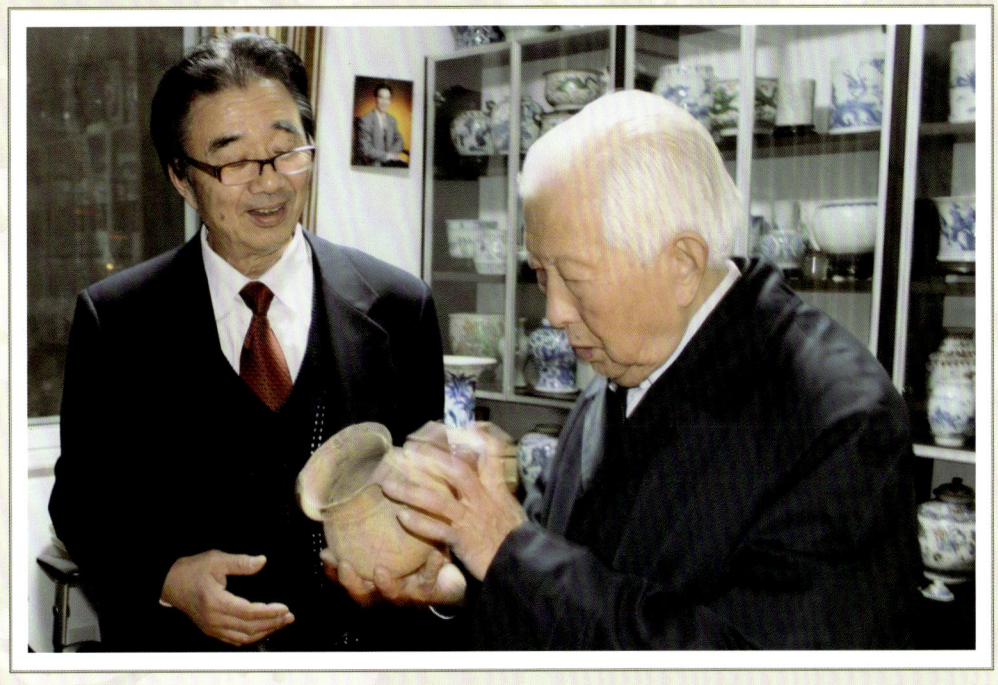

作者李臣（左）与耿宝昌先生交流瓷器鉴赏

作者李臣（右二）参加北京电视台《拍宝》节目

作者李臣（左）与金运昌先生在《拍宝》节目合影

作者李臣就职于北京北大资源研修学院任特聘教授

作者李臣给北京北大资源研修学院文物专业授课

作者家人与耿宝昌先生合照
（从左到右依次为作者大女儿李晶、耿宝昌先生、作者李臣、作者夫人付桂梅）

作者李臣、夫人付桂梅与外孙史宇佳（左二）、王浩堃（右二）*

---

*拍摄于2004年，为作者、夫人及两位外孙于家中合照。

作者大女儿李晶、女婿史轶群

作者李臣（中）与二女儿李莉、女婿王明黎家中合影

作者李臣与外孙王浩堃*

作者李臣带外孙史宇加逛报国寺古玩市场**

---

*拍摄于2019年；**拍摄于2014年。

序

"光阴似箭催人老，黄昏余热要用好。"我今年虽已78岁，仍坚持在北京、山西、甘肃等地电视台做瓷器鉴定工作，在"玩古在线""中拍国际网拍"等几个网站做拍品推荐专家。本书即近10年我在电视台做鉴赏专家时，鉴定明、清及民国瓷器的总结。

我们常说古玩行当里的鉴赏家有两类人：一类是从文博类院校毕业后，又从事文博专业工作的，常被称为"学院派"专家；另一类是由于兴趣爱好，从实践中打拼出来的实战派专家。我属于后者。

我的部分履历如下：2010年起，受聘于北京北大资源研修学院文物系，任特聘教授，给大二、大三学生讲授《明清瓷器》课程；2011年，被中国收藏家协会授予"陶瓷收藏鉴赏家"称号；2011年起，被北京电视台财经频道聘为《拍宝》栏目专家组专家；2016年起，担任北京市价格认定与评估古陶瓷评估专家。

退休前，我一直在航天系统某单位从事航天军工工作。但之后，我却在古陶瓷研究上有所收获。那么，我在古陶瓷收藏与研究领域是怎样成长的呢？

首先是我对古陶瓷，特别是明清瓷器有着浓厚的兴趣，肯投入时间、精力和财力。我认为，要想在古瓷收藏与鉴赏上有所成就，正如人们常说的，是要三更灯火五更鸡、满身汗水一脚泥地去干、去拼搏，是要在泥水里滚过，在汗水泪水里浸过。

其次，几十年来，我打拼在古玩行的地摊里，潘家园、报国寺、北方、亮马、爱家都是我的实践课堂，众多藏友、同行是我的老师。名人名师，如故宫博物院研究员耿宝昌先生，更是我前行的指路老师。众多实战派专家也给我提供了很多帮助。三人同行必有我师，我认为"摆地摊的和开店的懂的、知道的，我不一定知道，不一定懂，从他们那里也常能学到深入浅出的古玩知识"。

本书收录了从明洪武到崇祯、清顺治到宣统及民国共500余年的多个品种的瓷器。

明朝历时277年（1368—1644），先后16位皇帝在位。我认为明代瓷器可分为如下几个生产阶段：

①明初——洪武；②明早期——永乐、宣德；③空白期——正统、景泰、天顺；④明中期——成化、弘治、正德；⑤明晚期——嘉靖、隆庆、万历；⑥明末期——泰昌、天启、崇祯。（本书将前三个阶段一并归入明早期）

明洪武时期是元代瓷器向明代瓷器的过渡时期，也是明代瓷器风格逐渐形成的时期。

明早期永乐、宣德朝，历时33年，明代瓷器风格已经形成，是明清瓷器生产的第一个高峰，是青花瓷的黄金时代，居明代之冠。

空白期，历时29年，三朝两帝，朝野动荡，加上灾荒，瓷器生产也不正常，几乎没有带年款的青花瓷存世。以往对这三朝瓷器的研究接近空白，因此叫它"空白期"。后来人们利用考古发掘，通过排比研究，基本搞清楚了这三朝瓷器的面貌。

明中期，历时57年，以成化瓷为代表，是明代瓷器也是明清瓷器发展史上的第二个高峰，上承空白期，下启明代晚期。

明晚期与明末期，历时123年，是瓷器的"粗大明"年代。虽然瓷器产量大，但质量多粗糙。明末崇祯时期，因外销与国内的个别需求，生产出一批好的青花瓷，并传世遗存至今。

清王朝历经268年（1644—1911），康熙、雍正、乾隆三朝的瓷器烧造达到了明清瓷器烧造的最高水平，也是明清瓷器的第三个高峰期（第一个是永宣，第二个是成弘）。

人们通常把清代瓷器分为清初、清早期、清中期和清晚期四个阶段。

清初指顺治时期，行里亦称为明末清初或过渡期（过渡期指明天启、崇祯、清顺治）。

清早期指康熙、雍正、乾隆（早、中期）时期，这个时期亦称"清三代"。（本书将清初和清早期合并为清早期论述）

清中期指乾隆（晚期）、嘉庆、道光时期。

清晚期指咸丰、同治、光绪、宣统时期。

本书包括了上述提到的明代六个时期、清代四个时期及民国时期全部瓷器的三大类，即釉下彩瓷、釉上彩瓷和颜色釉瓷。既有民窑瓷器，也有官窑瓷器；既有传世品，也有窖藏或出水的实物。

本书将理论与实践相结合，更多的是我实践中个人体会的提炼、归纳与总结。如清康熙时期创烧的冰梅纹青花瓷，这种青花瓷清早、中、晚期都有烧制，但三个时期冰梅纹的画法却有所不同。对于这一问题，我在本书中根据自己实践中的归纳总结做了较为清晰的阐述。再比如，清代卷缸有多种缸沿——板沿、绳沿、角沿、无沿，如何用不同的缸沿进行瓷器断代，我在本书中也做了相关表述。

  本书是一本面向明清瓷器收藏爱好者的工具书，希望能给爱好明清瓷器收藏的朋友提供一点帮助。

目录

一、明早期：洪武·永乐·宣德·空白期

元末明初磁州窑凤纹大罐 / 3
明早期龙泉窑模印花卉大盘 / 4
明早期龙泉窑三足炉（斗炉） / 5
明空白期正统青花人物大罐 / 6

二、明中期：成化·弘治·正德

明中期德化白瓷人物塑像 / 9
成化青花人物大口梅瓶 / 10
弘治青花葡萄纹小罐 / 11
弘治青花堆雕火石红鱼纹卧足盘 / 12
正德青花莲托八宝纹绣墩 / 14

三、明晚期：嘉靖·隆庆·万历

嘉靖青花龙纹瓷片 / 17
嘉靖珐华彩人物纹梅瓶 / 18
万历青花洞石花卉盘 / 19
万历青花花卉八棱罐 / 20
万历青花松竹梅瓜棱罐 / 21
万历青花开光花卉纹军持 / 22
万历青花瓜果纹瓜棱罐 / 23
万历青花狮穿牡丹纹罐 / 24

四、明末期：泰昌·天启·崇祯

泰昌青花碗底瓷片 / 27
天启青花绿彩花卉纹罐 / 28
天启五彩狮穿牡丹罐 / 29
崇祯青花人物八棱罐 / 30
崇祯白釉暗纹小筒瓶 / 31
崇祯青花五彩花鸟鸡纹碗 / 32
崇祯青花花鸟莲子罐 / 33
明末清初青花山水树木琵琶尊 / 34

五、清早期：顺治·康熙·雍正·乾隆（早、中期）

清初德化白瓷狮子香插 / 37
顺治五彩二龙戏珠炉 / 38
顺治青花龙纹炉 / 39
顺治青花龙纹炉 / 40
顺治青花花卉炉 / 41
顺治青花龙纹筒炉 / 42
顺治青花洞石花卉炉 / 43
顺治青花山水纹琵琶尊 / 44
康熙青花人物小盘（一对）/ 45
康熙青花瓷片组合衣形观赏器 / 46
康熙青花鹤鹿同春凤尾尊 / 47
康熙青花花间寿字钵式炉 / 48
康熙青花（后赤壁赋）图文大笔筒 / 49
康熙青花山水人物三足大笔筒 / 50
康熙青花麒麟送子寿字罐 / 51
康熙青花人物盖罐 / 52
康熙青花仕女教子罐 / 53
康熙豆青地釉下三彩案缸 / 54
康熙釉下三彩山水纹案缸 / 55
康熙青花寿字碗 / 56
康熙釉下青花釉上红彩小盘 / 57
康熙青花五彩人物纹莲子盖罐 / 58
康熙青花淡描龙凤纹炉 / 59
康熙青花人物纹盘 / 60
康熙青花人物纹盘 / 61
康熙青花牡丹纹大盘 / 62
康熙青花大披肩纹将军罐 / 63
康熙青花五彩开光洞石花卉将军罐 / 64
康熙青花五彩众仙女纹将军罐 / 65
康熙青花五彩人物故事将军罐 / 66
康熙青花五彩洞石牡丹大将军罐 / 67
康熙五彩人物故事将军罐 / 68
康熙青花五彩狮穿牡丹将军罐 / 69
康熙青花五彩芦雁纹花口盘（五只）/ 70
康熙青花枯枝花鸟筒觚 / 71
康熙青花团凤纹钵式炉 / 72
康熙青花牡丹花卉大盘 / 73
康熙青花鱼藻纹案缸 / 74
康熙青花仕女人物折沿碗 / 75
康熙青花五彩狮穿牡丹莲子罐 / 76
康熙五彩花卉纹折沿盘 / 77
康熙青花五彩人物纹小筒瓶 / 78
康熙青花人物鸡腿罐 / 79
康熙釉下青花釉上红彩花卉纹盘 / 80
康熙茄皮紫釉暗刻龙纹盘（官）/ 81
康熙红地五彩缠枝菊纹笔筒 / 82
康熙黄地粉彩龙纹钵式炉 / 83
康熙五彩芭蕉仕女人物筒瓶 / 84
康熙五彩人物梅瓶 / 85
康熙五彩人物纹将军罐 / 86
康熙五彩福禄寿纹线条瓜棱菱口碗 / 87
康熙五彩锦地开光四鱼图梅瓶 / 88
康熙五彩海马纹将军罐 / 89
康熙钟式龙凤纹高足杯 / 90

康熙青花花卉碗 / 91

康熙八仙人物纹三足炉 / 92

康熙红彩摇铃尊（一对）（官）/ 93

雍正粉彩婴戏图将军罐 / 94

雍正粉彩龙纹香炉 / 95

雍正仿哥釉笔筒 / 96

雍正青花斗彩鼻烟壶 / 97

雍正青花洞石花卉小观音瓶 / 98

雍正仿哥釉盘 / 99

雍正仿哥釉三足笔洗 / 100

雍正粉彩庭院洞石花卉盘 / 101

雍正粉彩人物故事折沿盘 / 102

雍正青花松鹿盘 / 103

乾隆豆青地青花双耳盘口瓶 / 104

乾隆青花釉里红鼻烟壶 / 105

乾隆蓝上蓝天球瓶 / 106

乾隆青花冰棱格花卉壮罐（官）/ 107

乾隆窑变釉观音瓶 / 108

乾隆窑变釉双狮耳香炉 / 109

乾隆青花粉彩描金花卉纹盘 / 110

乾隆轧道粉彩人物观音瓶 / 111

乾隆青花凤纹盖罐 / 112

乾隆青花粉彩花卉纹小杯（官）/ 113

乾隆紫口铁足青花婴戏纹小罐 / 114

乾隆铁泥花纹饰双兽耳尊 / 115

乾隆青花山水楼台纹温盘 / 116

乾隆豆青地粉彩安居乐业纹盘 / 117

乾隆青花缠枝菊纹绣墩 / 118

乾隆仿官釉荷叶碗（官）/ 119

乾隆青花缠枝莲纹贯耳六方瓶 / 120

乾隆青花矾红龙纹盘（官）/ 121

乾隆中式柿右卫门瓷瓜果大碗 / 122

乾隆粉彩花卉捧盒 / 124

乾隆粉彩团花纹盘 / 125

乾隆祭蓝釉盘 / 126

六、清中期：乾隆（晚期）·嘉庆·道光

清中期粉彩花卉撇口瓶 / 129

清中期粉彩花鸟纹将军罐 / 130

清中期粉彩人物包袱瓶（一对）/ 131

清中期青花粉彩人物扁瓶 / 132

清中期哥釉青花花卉纹将军罐 / 133

清中期窑变釉天球瓶 / 134

清中期蓝釉钱币形水滴 / 135

清中期仿哥釉琮式瓶 / 136

清中期青花釉里红鱼纹盘 / 137

清中期墨彩龙纹长颈瓶 / 138

乾隆（晚）蓝地轧道粉彩皮球花盘 / 139

嘉庆豆青地粉彩花鸟双耳瓶 / 140

嘉庆哥釉青花龙纹双耳瓶 / 141

嘉庆哥釉青花凤凰牡丹纹长颈瓶 / 142

嘉庆青花寿字杯 / 143

嘉庆冰梅纹竹节粥罐 / 144

嘉庆青花留白喜字双耳盘口瓶 / 145
嘉庆青花山水人物双耳盘口大瓶 / 146
嘉庆青花人物故事琵琶尊 / 147
嘉庆青花龙凤纹天球瓶 / 148
嘉庆青花婴戏纹盘 / 149
嘉庆青花花蝶纹凤尾尊 / 150
嘉庆斗彩八宝纹花卉碗 / 151
嘉庆蓝釉菱口高足盘 / 152
嘉庆粉彩铺首耳四方瓶 / 153
道光孔雀蓝釉天球瓶 / 154
道光洒蓝描金粉彩开光人物花盆 / 155
道光冬青堆白长颈荸荠扁瓶 / 156
道光珊瑚红地金彩调色格盘 / 157
道光青花三星人双耳盘口瓶 / 158
道光青花太极八卦图砂口罐 / 159
道光青花山水人物天球瓶 / 160
道光青花龙纹折腰碗（官）/ 161
道光青花八仙人物纹碗（官）/ 162
道光窑变釉贯耳方瓶（官）/ 163
道光哥釉粉彩人物双耳瓶（一对）/ 164
道光粉彩洞石花卉六方盘 / 166
道光粉彩暗八仙皮球花天球瓶 / 167
道光祭红釉赏瓶 / 168

七、清晚期：咸丰·同治·光绪·宣统

清晚期琉璃釉方形炉 / 171
清晚期广彩开光人物花鸟纹包袱瓶 / 172
清晚期雕瓷海水龙纹印泥盒 / 173
清晚期粉彩万字锦地开光鸡纹花卉赏瓶 / 174
清晚期广彩豆青锦地人物双耳盘口瓶 / 175
清晚期郎窑红观音瓶 / 176
咸丰五彩杂宝花卉纹大案缸 / 177
咸丰粉彩花卉大水仙盆 / 178
同治粉彩锦地开光人物壮罐 / 179
同治矾红蝠纹盘（官）/ 180
同治粉彩人物故事线条粥罐 / 181
同治粉彩百子图观音瓶 / 182
同治粉彩人物观音瓶 / 183
同治粉彩郭子仪祝寿图双耳大瓶 / 184
同治粉彩孔雀梅花纹笔筒 / 185
同治粉彩官上加官天球瓶 / 186
光绪粉彩人物四方帽筒 / 187
光绪粉彩麒麟送子茶壶 / 188
光绪墨彩文字"百字铭"高足杯 / 189
光绪素三彩海马纹观音瓶 / 190
光绪墨地素三彩龙纹天球瓶 / 191
光绪蓝地粉彩花卉粥罐形温酒器 / 192
光绪窑变釉贯耳方瓶（官）/ 193
光绪青花缠枝莲纹赏瓶 / 194
光绪青花八仙人物纹碗（官）/ 195
光绪墨地素三彩云龙纹将军罐 / 196
光绪五彩人物卷缸 / 197
光绪松石绿地一路连科纹大笔洗 / 198

光绪粉彩二龙戏珠纹盘 / 199
光绪浅绛彩双耳盘口瓶 / 200
光绪广彩花卉纹茶叶罐 / 201
光绪天青釉双铺首耳大瓶 / 202
光绪冰梅纹盖罐 / 203
光绪青花花鸟筒觚 / 204
光绪青花折枝花卉纹碗（官）/ 205
光绪浅绛彩花鸟纹六方花盆 / 206
光绪粉彩无双谱人物杯 / 207
光绪祭蓝琮式双耳瓶（官）/ 208
光绪茄皮紫釉贯耳方瓶 / 209
光绪锦地开光五彩凤凰花卉纹棒槌瓶 / 210
光绪青花人物故事笔洗 / 211
光绪墨地素三彩花鸟方棒槌瓶 / 212
光绪矾红花卉寿字纹带盖格盒 / 213
光绪浅绛彩人物双耳四方瓶（一对）/ 214
光绪粉彩花鸟纹饮茶盖碗 / 215
光绪矾红三多纹碗 / 216

光绪粉彩龙纹笔筒 / 217
光绪粉彩花鸟纹面盆 / 218
光绪窑变釉贯耳方瓶（官）/ 219
光绪浅绛彩人物双耳瓶 / 220
光绪浅绛彩山水人物故事壶 / 221
光绪矾红蝠纹盘（官）/ 222
光绪浅绛彩人物诗文茶壶 / 223
光绪青花缠枝莲纹盘（官）/ 224
光绪轧道粉彩花卉碗 / 225
光绪粉彩九桃碗 / 226
光绪五彩锦地开光狮纹筒瓶 / 227
光绪墨地五彩花鸟天球瓶 / 228
光绪粉彩人物故事将军罐 / 230
光绪粉青釉堆白花卉长颈荸荠瓶 / 231
光绪—民国时期反瓷双耳瓶 / 232
光绪—民国蓝地开光凤凰牡丹纹盖罐 / 233
清仿明万历青花五彩云龙纹双耳扁瓶 / 234

八、民国时期及现代仿品

民国粉彩花鸟纹观音瓶 / 237
民国粉彩花鸟纹一品锅 / 238
民国粉彩山水庭院人物笔洗 / 239
民国孔雀蓝釉关公塑雕像 / 240
民国粉彩观音塑像 / 241
民国粉彩人物六方双耳撇口瓶 / 242
民国粉彩大肚弥勒佛 / 243

民国粉彩人物双耳大瓶 / 244
民国粉彩洞石雉鸡牡丹纹帽筒 / 245
汪小亭浅绛山水诗文六方两件套花盆 / 246
粉彩枝藤花卉蒜头瓶 / 247
1955年粉彩花鸟观音瓶 / 248
豆青地粉彩堆塑六方双耳瓶 / 249
青花留白大披肩釉口罐 / 250

附 录

附录一　北大资源学院文物专业学生名单（2008—2018 级）／251

附录二　作者参与文物鉴定培训班、研修班授课学员名单／252

附录三　明清瓷器拍卖市场行情表（1996—2015，2017—2018）／253

附录四　明朝皇帝年代表／287

附录五　清朝皇帝年代表／288

后 记 ／ 289

一 明早期

洪武·永乐·宣德·空白期

元末明初磁州窑凤纹大罐

磁州窑是中国古代北方著名的民间瓷窑，创烧于北宋中期，南宋、元、明、清仍有延续。磁州窑品种诸多，以白地黑花（铁锈花）、刻划花、窑变黑釉最为著名。它的装饰技法突破了当时流行的五大名（官）窑（汝、官、钧、哥、定）的单色釉局限，运用了数十种丰富多彩的装饰技法。磁州窑系泛指以磁州窑为中心，河北、河南、山西、山东等省宋元时期生产化妆白瓷、彩绘瓷和化妆土剔刻花装饰瓷器的民间窑场。

这件磁州窑凤纹大罐，应是磁州窑本地（河北邯郸磁县）窑口生产的器物，从其胎、釉、纹饰等方面，可断其为元末明初的器物。

明早期龙泉窑模印花卉大盘

龙泉窑址位于浙江省龙泉市，创烧于晚唐五代，宋末元初达到鼎盛，明代走向衰落，清康熙时期龙泉窑停烧。除本地生产外，江西吉州和福建泉州两地也烧制龙泉瓷，并形成龙泉窑系。

这件花卉大盘光泽古旧、包浆明显，从其器型、模压花卉纹和底部的垫烧痕，可断其为明早期的龙泉窑制品。

作者寄语：三更灯火五更鸡，收藏全方位，上手零距离，力做实战派，收藏出成绩。

明早期龙泉窑三足炉（斗炉）

　　此物外型似炉，但底部有个洞，因而会被误认为是花盆。从文献资料来看，此物应是元末明初龙泉窑生产的一种香炉，可能伴有一个塞子，装灰时用以堵孔，但塞子已因年久失群。一般炉的外墙都是凸起的八卦纹，而此炉外墙是模印花卉纹。炉的内外壁釉色泛绿，不同于元代的泛黄色。

　　从釉色和胎质来看，此件三足炉应是明早期的龙泉窑制品。

明空白期正统青花人物大罐

明空白期是指明正统、景泰、天顺三朝（1436—1464）。这一阶段，因为没有发现其中任何三朝时期带官窑年款的瓷器存世，所见瓷器均为民窑所产，故学术界有"空白期"和"黑三代"之称。

这件青花人物罐的青花色泽深蓝，有明正统时期鲜明的时代特征。宽浅圈足，底足与底面有深褐色的火石红。另外，与空白期的大罐多数脱底不同，此罐底掉后又被锔上了。

故此青花人物大罐应是明空白期正统时期烧造的器物。

作者寄语：朋友，当你遇到帮你的人，要知道感恩，遇到需要你帮的人，要学会付出。

二

明中期

成化·弘治·正德

明中期德化白瓷人物塑像

德化白瓷产于福建省德化县，创烧于宋代，全盛于明。德化白瓷以佛塑像、人物塑像著称，其特点为胎白、坚硬、致密，深受欧洲人的喜爱，被称为"中国白、象牙白、鹅绒白"。著名德化瓷瓷雕大师有十余位，以何朝宗最有名，该塑像底部即有其名款印章。

从器物光泽和胎质来看，此件德化白瓷人物塑像应是明中期的制品。

成化青花人物大口梅瓶

这件梅瓶纹饰中可见"个"字形鸡爪般的花叶和洞石两边的对称花草。釉面肥厚，有乳白色的釉面，糊米底，火石红明显。青花选用平等青料绘制，平等青是景德镇成化、弘治、正德、嘉靖早期使用的青花料，色泽淡雅正蓝。

依据上述特征，此件青花人物大口梅瓶应是明成化时期的民窑制品。

作者寄语：勤奋是枝叶，当然很苦；收获是花朵，当然很香。没有枝叶，哪来的花朵；没有苦，哪来的香。收藏也一样。

弘治青花葡萄纹小罐

此小罐是大器小做，同明代大罐的器型相似。小罐浅圈足，又有明显的火石红和古旧包浆。青花料选用平等青料。

故此件青花葡萄纹小罐应是明弘治时期的民窑制品。

弘治青花堆雕火石红鱼纹卧足盘

　　卧足盘是明中期成化、弘治、正德时期多有的器型。

　　此盘的鱼纹为浅浮雕，且伴有火石红色泽。青花料是灰蓝色，选用平等青料绘制。该盘有入土或入水的经历，但出土或出水后已问世多年，有传世痕迹，是老的器物。

　　故此青花堆雕火石红鱼纹卧足盘应是明弘治时期的民窑制品。

作者寄语：春风赞秋雨，有如我和你，收藏路上，我们走在一起，不离不弃，坚持到底。

正德青花莲托八宝纹绣墩

绣墩创烧于明正德时期，在明清瓷器里各朝都有烧制。明正德时期的青花瓷采用三种青花料，一是沿用成化时期的"平等青"料，二是用江西省上高县产的"石子青"料，三是正德晚期所用"回青"料。

这件绣墩选用"石子青"料，呈现蓝色而不泛紫。其纹饰为莲托八宝纹，花卉叶子画成鸡爪状，上方为璎珞纹，下方为江崖海水纹。

故此青花莲托八宝纹绣墩应是明正德时期的作品。

作者寄语：风雨夜归人需要体力，赝品满天飞需要眼力，拍卖场上拿下重器需要财力，收藏能玩久、玩好需要毅力，祝朋友们为获得这几力，继续努力！

三

明晚期

嘉靖·隆庆·万历

嘉靖青花龙纹瓷片

这块青花瓷片是一个大碗底，从其尺寸能推测出整个碗的硕大。瓷片的青花料有回青料的特征（回青料是明正德晚期到万历年间，景德镇烧制青花瓷的用料）。所绘龙纹凶猛夸张，有一飞冲天的感觉，是正面龙又是五爪。瓷片上有"大明嘉靖年制"楷书款，是标准的官款。此外，瓷片为亮青釉面，胎质硬朗细密，釉面、彩面、胎面都有沧桑的古旧感。

故此青花龙纹瓷片应是明嘉靖时期的官窑器瓷片。

嘉靖珐华彩人物纹梅瓶

珐华彩创烧于元代，明中期以后在山西晋南一带盛行。山西珐华是陶胎，景德镇的珐华是瓷胎。珐华瓷的生产绘制工艺有别于明清其他瓷器品种，其是用堆筋立粉法堆挤出图案的轮廓线，高温烧成后，在轮廓线内填色，再低温烧成。工艺复杂，加之存世量少，珐华瓷就更显珍贵稀缺。传世品中多见烧制于明成化、嘉靖时期的，清代、民国有仿制，但仿品胎体过重，线脊显平齐，不如明代圆润。

从此件梅瓶的特征来看，其堆筋立粉形成的图案、纹饰、轮廓、线条圆润，有明代的器物特征。轮廓线内新填色彩有山西珐华彩的特征，特别是其露胎处可见是陶胎。

故此珐华彩人物纹梅瓶应是明嘉靖时期的山西民窑制品。

作者寄语： 个人命运由什么来左右？命题是关键，勤奋执着要跟其后。收藏的路上，为梦想也要拼搏奋斗。

万历青花洞石花卉盘

此花卉盘器型硕大,直径有 30 余厘米。且是花口,纹饰繁满,绘画粗犷,有粗大明的特征。其青花用回青加石子青料绘制,发色微微泛紫,器物底足有明代晚期的型制,底足内有釉,并有大量的棕眼出现。

此盘老气十足,应是明万历时期的制品。

万历青花花卉八棱罐

青花八棱罐始于明万历、崇祯时期，器型高雅，八棱有道教色彩。

此八棱罐总体有四层纹饰：主纹饰是折枝四季花卉；口沿处为"T"形边饰；肩部是云朵留白纹饰；足上方是简笔蕉叶纹。整体绘画青翠淡雅，不俗不燥，有疏有密，错落有致。足底有刀削痕和粘砂，具有明万历时期器物的底足特征。

故此青花花卉八棱罐应是明万历时期的器物。

作者寄语：收藏不可守株待兔，要张网捕鱼，加上满身汗水一脚泥。练好眼力，收藏就能切金断玉，有如削铁如泥！

万历青花松竹梅瓜棱罐

这种青花瓜棱罐在明嘉靖至崇祯时期较为常见,其纹饰多为"松鼠葡萄",人物纹的极为少见。"松竹梅"被称为岁寒三友,是明清瓷器上多有的纹饰。"松"经冬而不凋,有坚贞高洁的情操,又有"长寿"的象征;"竹"空怀若谷,直而有节,宋代诗人范成大赞曰:"纷纶草木变暄寒,竹节松心故凛然";"梅"早春先叶开花,不畏严寒。

此件青花瓜棱罐的青花发色有浙青料的特点,应是明万历二十四年(1596)以后的作品。

万历青花开光花卉纹军持

军持也叫净瓶，是伊斯兰教徒及云游僧人盛水洗手用的器具。军持约在隋唐时期传入我国，从唐代至清代，南北方窑口均有生产，器形多样且大量出口，时代特征明显。

此件军持的纹饰和器型都有明万历时期粗大明的特征，主纹饰、口沿肩部边饰都是开光形式，且青花用料是万历二十四年（1596）以前用的回青加石子青料。从圈足可见胎上没有火石红，故应是明万历时期的民窑制品。

作者寄语：树高千尺，必有根深，练好眼力，不难辨假识真。

万历青花瓜果纹瓜棱罐

这种青花瓜棱罐在明嘉靖至崇祯时期较为常见，其纹饰多为"松鼠葡萄"，人物纹的极为少见。

此罐纹饰绘画用笔自然流畅随意，有粗大明的风格。胎质较细密，没有火石红，是万历时期的器物特征。青花用料是明晚期嘉万时期用的回青料。

故此青花瓜果纹瓜棱罐应是明万历时期的民窑制品。

万历青花狮穿牡丹纹罐

此类器型在明万历时期和天启、崇祯时期有明显不同，前者青花发色也相对淡雅。

此罐纹饰绘画线条流畅，布局有疏有密、有动有静、有分有合，整体协调富有变化。其露胎处已有明显的火石红泛出，釉面、彩面古旧感强烈。

故此青花狮穿牡丹纹罐应是明万历时期的民窑制品。

作者寄语： 存储自己的成功与失败，珍惜难忘的关心和友爱，勿忘平凡中的感动之存在。

四

明末期

泰昌・天启・崇祯

泰昌青花碗底瓷片

泰昌是万历皇帝的长子,在位只一个月,因而当朝烧造的瓷器少之又少。能在今天看到泰昌当朝生产带纪年款的瓷片,实属罕见。

瓷片整体有粗大明的风格,圈足不规矩,有粘沙现象,底面有明代多有的放射性跳刀痕,上釉不均,有深有浅,时黄时绿。瓷片胎质也是明代的。

故断此件青花碗底瓷片属明泰昌时期。

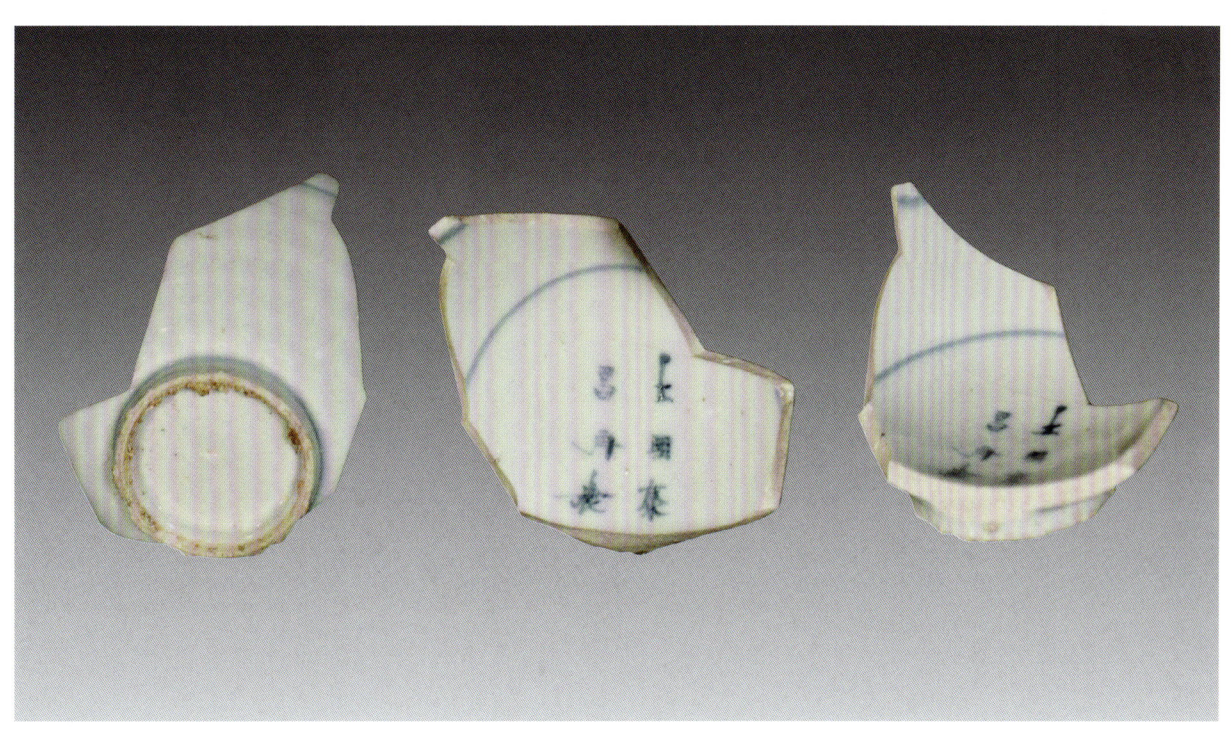

天启青花绿彩花卉纹罐

天启皇帝仅在位七年，但天启时代的瓷制品，还是能与万历和崇祯时期的器物相区分。

此类罐叫灯笼罐，万历时期罐体上下一样粗，而此件上粗下收腹窄些。此件有肩部开光，而崇祯时期是少用肩部开光的。此罐底胎、釉面和彩面上均有老旧痕，青花选用浙青绘画。其釉下青花的特殊点在于，釉上只有绿彩，而不是红黄绿。底款是由"福"字变体字写成。

故此青花绿彩花卉纹罐应是明天启时期的民窑制品。

作者寄语：青山依旧在，几度夕阳红，收藏热议事，尽在尘埃中。

天启五彩狮穿牡丹罐

此罐釉口有明代的器物特征，肩宽下收腹，而非万历时期上下一般粗的灯笼罐，故在时代上应属于明天启时期。明天启属明末清初，即过渡期，这一时期的五彩瓷红色多枣皮红，颈部画火焰纹边饰，这些特征在此罐上都得到了展现。

鉴定一件瓷器，鉴定师多是从精于观察、敏于辨识中悟出感觉。这件五彩罐老气十足，纹饰、色彩、器型、胎质都有明末清初的器物特征。

故此五彩狮穿牡丹罐应是明天启时期的器物。

崇祯青花人物八棱罐

这种八棱罐出自明万历到崇祯时期，其他朝代少见。此罐造型八方，制作工艺复杂，因而当时生产数量少，传世品极少。

其肩部的边饰用青花留白来表现，是明末清初多有的绘画方式。青花选取上等浙青绘制，青花发色淡雅。罐为平砂底，地面上绘有鱼鳞草，罐体有手工刀削痕和老包浆。

器物整体古韵、老气十足，应是明崇祯时期的民窑细路①制品。

---

①细路：一般将用料、制作和工艺都非常精致和细腻的瓷器叫细路货。

作者寄语： 留得人脉在身边，利益面前不要贪，助人为乐金不换。遇事能海涵，百好孝为先，人生几何，凯歌宏图展。

崇祯白釉暗纹小筒瓶

筒瓶也叫象腿瓶，是明末清初较为常见的器型。白釉瓷在明永乐时期达到最盛。相传永乐皇帝在当北方燕王时，手下的一个军师告诉他："王字上边加个白不就是'皇'吗？"所以永乐皇帝最崇尚白瓷。

这件筒瓶周身有暗纹，足上方和肩下方都有一圈暗刻，其纹饰有明末崇祯时期的纹饰特征。另外，其底足是平砂底，有旋削式跳刀痕和古韵包浆。

故此白釉暗纹小筒瓶应是明崇祯时期的民窑细路制品。

崇祯青花五彩花鸟鸡纹碗

　　瓷器上出现走兽、游鱼、禽鸟、草虫等图案始于东汉的青瓷。

　　此碗的纹饰中有鸡、鸟、蝴蝶的图案，在明清瓷器中十分常见。此碗的主色调是红彩，这个红色是清早期的枣皮红，而非清晚期较浅淡的矾红。碗的外墙还有崇祯时期多有的暗刻纹饰。另其圈足的胎是明末清初多有的胎质，口沿有酱釉口。

　　故此青花五彩花鸟鸡纹碗应是明末崇祯时期的制品。

作者寄语：春来冬去，共沐风雨，人生本是一场戏，收藏更是戏中戏。岸上寻觅，下海搏击，收藏路上创奇迹。

崇祯青花花鸟莲子罐

此件莲子罐的青花选用上等浙青料绘制,发色青翠淡雅。绘画纹饰中有空中高悬的小太阳,这是明末清初的器物特征。其口沿和圈足的胎硬朗细密,釉面温润如玉,另其上口沿和下足沿都各有一圈暗刻,有古旧感、熟旧感,故此莲子罐应是件老的器物。

因此断其为明崇祯时期的民窑细路制品。

明末清初青花山水树木琵琶尊

青花琵琶尊的烧造始于清康熙时期。这件琵琶尊便具有明末清初的器物特征。其色彩近乎翠毛蓝，造型线条流畅，远景、中景、近景在图中清晰可见，有抬头见山、俯首见水之情怀。绘画中有清初多见的枯枝树木、三点石，口沿涂酱釉，圈足可见胎质细密硬朗，而且没有火石红，底足内釉面明显泛绿。

依据上述特征，此件青花山水树木琵琶尊应是明末清初景德镇民窑细路制品。

作者寄语： 历练收藏，与时代同行，为时代放歌，工作之余，给生活增美色。

五 清早期

順治・康熙・雍正・乾隆（早中期）

清初德化白瓷狮子香插

德化白瓷创烧于宋代，兴盛于元、明两代，窑址位于福建省德化县境内。其质感凝脂似玉，胎质致密且脆，透明度高，尤其受法国人喜爱，被称为"中国白""象牙白""鹅绒白"。德化白以佛塑像和人物塑像著称，名家以"何朝宗"最为有名（其作品底部或背部有其印章）。

这件德化白瓷狮子香插，线条流畅，釉面有古旧感，应是清早期的作品。

顺治五彩二龙戏珠炉

这件青花五彩龙纹炉端庄秀雅，蕴涵古趣。

主纹饰为二龙戏珠，龙是狮子头龙，且显凶猛，有一飞冲天的感觉。图中多有品字云、壬字云和山字形火云纹。画面用青花作为蓝彩，青花色彩浓重；红色为枣皮红，且口沿有酱釉口。这些均为清早期的器物特征。

故此五彩二龙戏珠炉应是清顺治时期的民窑制品。

作者寄语：人生不能悔棋，更不能重来一局，打拼人生，时时处处要慎行，要珍惜！

顺治青花龙纹炉

这件青花龙纹炉有扁长形的三足，器型秀美。

主纹饰为狮子头龙，两眼圆瞪，鬃毛直立，四爪张开有力度，符合清早期的绘画技法。青花深蓝，区别于此阶段的泛灰青花，应是明末清初青花瓷中的上等品。露胎处可见泛褐黄色的火石红，其釉胎上有一青花花押款[1]，且口沿有酱釉口。

故此青花龙纹炉应是清顺治时期的民窑制品。

---

[1] 花押款："花押"的本意是指在文书契约上的签字或代替签字的符号，被用作取信于人的凭记。瓷器上的花押款，又称花样款、记号图片款、图案款等，是指落于瓷器底部的非文字的图案标记，常见于景德镇的民窑瓷器上。花押款瓷器在明代就已经出现，清代康熙、雍正时期广为流行。

顺治青花龙纹炉

此炉在器物制作与纹饰绘画方面延续了明末清初"粗大明"的风格。

其龙纹一龙三现,是清顺治时期特有的龙的画法。顺治时期,青花瓷的青花发色多为蓝灰色或泛黑灰,像此件翠兰发色的样式很少。炉的口沿有酱釉口,底足及足内的砂底老气十足,火石红明显。

故此青花龙纹炉应是清顺治时期的民窑制品。

作者寄语:繁与简,疏与密,收藏除了防赝品,更要防骗局。

顺治青花花卉炉

从器型上来看，此青花花卉炉与清康熙时期的钵式炉略有不同。

此炉纹饰中有三点石、酱釉口；青花发色蓝中泛灰；外底中心处有釉脐。炉的釉面包浆很重，底足露胎处的火石红给人以深沉厚重之感。

故此青花花卉炉应是清顺治时期的民窑制品。

顺治青花龙纹筒炉

这件青花龙纹筒炉看似笔筒，不是笔筒，延续了明末清初"粗大明"的风格。

因顺治时期多灰蓝或黑蓝色，故此炉的青花发色在当时已属上等。底足可见有微微泛黄的火石红，口沿内外有两圈一线红（藏界很多人称其为"火石红"，实际是露胎处的护胎水与釉发生化学反应形成的）。香炉整体与青花、纹饰给人以粗壮的厚重感，更有老气。

综上所述，此青花龙纹筒炉是清顺治时期的民窑制品。

作者寄语：好马不用鞭催，好鼓不用重锤，好瓷光环在身，必定迎来好口碑，让我们一起来品味！

顺治青花洞石花卉炉

这件青花洞石花卉炉器型秀美。

其纹饰为明末清初多有的洞石、三果图案，青花浓重典雅，笔触精细纵柔，构图疏朗简洁。且炉的口沿为酱釉口，底足胎老、包浆厚重。

故此青花洞石花卉炉是清顺治时期的民窑制品。

顺治青花山水纹琵琶尊

这件青花山水纹琵琶尊，彰显出岁月的淘洗、古人的传承、藏界的吸纳和市场的认可。

此尊古意盎然，造型秀美，绘画意境让人浮想联翩。枯枝树木是明末清初独有的画法，山石的斧劈皴和三点石都是这一时期瓷绘的特点。青花用料是上等浙青，发色沉稳亮丽；底足的平砂底有手工刀削痕，又有深棕色的酱釉口。

综上所述，这件青花山水纹琵琶尊是清顺治时期的民窑细路制品。

作者寄语：蓝天再高，也在眼里；大海再阔，也有边低；藏友间的情义，是无边无际。

康熙青花人物小盘（一对）

这对小盘布局简洁，用笔纤秀，设色清雅，柔美适度，有意境、有格调。

盘中所绘一位农家女赤脚肩担柳条小筐，给下地耕作的家人送午饭的场景。柳荫下燕飞舞，人在草地、土坡赤脚行走，好一派野外田园风光。

从青花发色和绘画风格圈足的胎质，可定其为清康熙时期的民窑细路精品瓷。

康熙青花瓷片组合衣形观赏器

这件瓷片组合衣形观赏器精美少见，有自然天趣和人工情趣之美。

瓷片几乎皆为清康熙时期的，上有文字和花卉。其衣领口、袖口和衣襟边口上，采用瓷片上的边沿线做成，片与片的连接也下足了功夫。青花发色以翠蓝色为主，淡雅亮丽。

故该件青花瓷片组合衣形观赏器，应是用老瓷组合成器的现代观赏器。

作者寄语：不求家资亿万，但求家庭温暖。不求名震八方，只求快乐安康。

康熙青花鹤鹿同春凤尾尊

凤尾尊（也叫花觚）是清代瓷器的器型，早中晚期都有，但形状变化不一。

这件凤尾尊是清康熙时期上乘的凤尾尊器型，用珠明料绘制，采用墨分五色、斧劈皴、披麻皴技法，图中有康熙时期多有的括号云和锦带祥云。青花发色淡雅、柔美、亮丽，色彩绝佳。

故此件青花鹤鹿同春凤尾尊应是清康熙中期的民窑精品。

康熙青花花间寿字钵式炉

这件青花花间寿字钵式炉简约而不失厚重。

炉的里外釉面有古旧感，炉里的旋削纹和口沿的酱釉口符合清早期的器物特征。其次，花间寿字纹饰是清早期多种器型上，如炉、瓶、罐、盘、碗、文房用具等，所多有的。此炉的花间寿字还是少有的团寿纹，主纹饰与口沿下的边饰简约而精美。此外，炉的青花色调偏深蓝又微微泛灰，这种蓝色是康熙早期多有的色泽，而到了康熙中期，多用珠明料和上等浙青，发翠毛蓝色。

综上所述，此青花花间寿字钵式炉应是清康熙早期的民窑制品。

作者寄语： 收藏人要：一身放松，二眼含校，三餐清淡，烟要不抽，酒要少喝，快乐收藏。

康熙青花（后赤壁赋）图文大笔筒

此件青花大笔筒文图结合，集书画于一体，让人赏心悦目。文字一面是用工整楷书书写的苏轼《后赤壁赋》全文，图画一面展示了《夜游赤壁图》。

画中千尺峭壁拔地而起，古松苍劲倒挂于江面的峭壁悬崖之上，江面水流湍急，正是苏轼在赋中描绘的"江流有声，断岸千尺，山高月小，水落石出"的景象。在一望无际、江水浩渺的江面上，苏轼与友人坐在木船上，赏月观景，畅谈人生。

笔筒为玉璧底，绘有"文章双斗"四字楷书（康熙时期的款识）。又有青花双蓝圈，青花发色青翠，胎质洁白细硬，瓷绘流畅。人物虽小，但神形毕现，风格苍劲隽逸。

综上所述，此青花（后赤壁赋）图文大笔筒是清康熙时期的民窑细路制品。

康熙青花山水人物三足大笔筒

这件笔筒有三点问题值得我们思考：

其一，我们常见的笔筒一般没有足，或平砂底，或玉璧底、圈足底。那么，这件青花山水人物三足筒状物，是笔筒还是三足炉呢？"康熙大笔筒有带三足"这一说法是有文献记载的，翻查耿宝昌先生的《明清瓷器鉴定》一书，就载有"……而且足是长形片状……"。这件青花笔筒正是如此。

其二，笔筒纹饰为山川、松林、茅屋、高士图，其构图完美大气，笔墨线条奔放流畅，翰墨淋漓。

其三，笔者认为这件笔筒是清康熙年间的民窑制品，断代理由为：

①亮青釉面，微微泛绿，釉面莹润如玉，符合清早期特征。

②水面线描；有斧劈皴、披麻皴；天空雁点蓝天字一行，又有小太阳；符合清早期的绘画技法。

③选用上等浙青绘制，有翠毛蓝的韵味。

综上所述，此青花山水人物三足大笔筒（也称其为笔海），是清康熙时期的民窑细路精品瓷。

作者寄语：捡漏打眼都是歌，经验教训，牵动你和我。

康熙青花麒麟送子寿字罐

麒麟送子是清代瓷器多有的画片，源于民间的祈子风俗。民间认为麒麟是仁义之兽，是吉祥的象征，求祥麒麟可生育得子。晋王嘉《拾遗记》中描述：周灵王立二十一年，孔子生于鲁襄公之世。夜有二苍龙自天而下，来附征在之房，因梦而生夫子。有二神女，擎香露于空中而来，以沐浴征在。天帝下奏钧天之乐，列以颜氏之房。空中有声，言天感生圣子，故降以和乐笙镛之音，异于俗世也。又有五老列于征在之庭，则五星之精也。夫子未生时，有麟吐玉书于阙里人家，文云："水精之子，系衰周而素王。"

寿字罐的开光纹饰绘画色彩清秀典雅，有情趣有古意，笔触精细，构图疏朗简洁，篆书变体寿字书写苍劲有力、凝重朴实。此罐青花是用浙青绘制，胎质硬朗细密，釉面有古旧包浆，是件老的器物。

综上所述，此青花二开光人物故事麒麟送子寿字罐为清康熙时期的民窑制品。

康熙青花人物盖罐

俗话说：有盖没盖差一半。此罐有原配盖，可见其完整性。

罐体器型上，清早期的罐体较细高，清晚期的更粗圆些，此罐应属于前者。青花发色上，此罐采用上等浙青，浓深沉稳，符合清早期特点。底足里有涂釉，圈足细密硬朗。罐光泽有陈旧感，古韵味足，是件老的器物。

故此青花人物盖罐应是清康熙时期的民窑细路制品。

作者寄语： 青山无墨千年画，溪水无弦万古琴，莫道收藏为金银，误解收藏人的一颗心。

康熙青花仕女教子罐

从器型上看，此罐符合清早期的器物特征。绘画技法采用分水法，有墨分五色的效果。绘画精细，人物、景物布局简洁，用笔纤秀，设色清雅柔美。此罐在青花用料上选取上等浙青料，发色深沉亮丽，圈足与砂口处的胎质细密硬朗。

故此青花仕女教子罐是清康熙时期的民窑制品。

康熙豆青地釉下三彩案缸

釉下三彩，又名釉里三色，创烧于清康熙年间，属高温釉下彩，是高档不多见的清代瓷器品种之一。再说豆青釉是景德镇仿龙泉窑青瓷的产品。

案缸是放在书案案头的文房用具，在清代较为常见，但形状有所区别，尤以缸沿最为明显。清早期多板沿，乾隆时期多绳沿，清中期多角沿，清晚期多无沿（指无沿向外延展）。此案缸为板沿状，时代上应属清早期。此外，案缸有伤，有锔子钉在上（锔缸锔碗是一种古代工艺，现已无存），釉面古旧，古韵足。

综上所述，此豆青地釉下三彩案缸应是清康熙时期的民窑制品。

作者寄语：天怕乌云，地怕荒，种庄稼就怕地里不打粮；搞收藏也一样，就怕买错了，掉进陷阱，吃亏上当。

康熙釉下三彩山水纹案缸

釉下三彩瓷又称釉里三色瓷，创烧于清康熙时期。其制瓷工艺过程是在瓷坯上以蓝、红、豆青三色绘制图案，再涂上白釉，入窑高温烧成。其中的三种色料分别为：青花是氧化钴，釉里红是氧化铜，豆青是氧化铁。因三种彩料对烧造时的发色温度及气氛要求不同，烧造炉温很难调节掌握，故三彩瓷成品率不高，加之当年烧造量不多，因而釉下三彩瓷传世品少。

此釉下三彩山水纹案缸，从器型、胎质、纹饰等方面都符合清康熙时期的器物特征，故应为清康熙时期的民窑制品。

康熙青花寿字碗

此寿字碗有如下几点特征符合清康熙时期的器物特征：

其一，此碗高圈足，圈足的壁薄、高又直立，碗里、外壁的光泽老气十足。

其二，此碗外壁所绘为《百寿图》，里心绘有变形"寿"字。

其三，此碗为"花押款"（也叫豆腐干款）。

综合以上特征，此青花寿字碗应为清康熙时期的民窑制品。

作者寄语：捡漏打眼一瞬间，别忘了，眼力功夫是关键；店里地摊多走走，多转转，实践就是敲门砖。

康熙釉下青花釉上红彩小盘

这件小盘古旧亮丽，又有沧桑感。

青花发色呈现出浙青的韵味，圈足有淡淡的火石红，釉面微微泛绿，有外销风格。

故此小盘应是清康熙时期的民窑制品。

康熙青花五彩人物纹莲子盖罐

俗话说：有盖没盖差一半。此罐有盖，因而略显珍贵。

莲子罐因其形似莲子而得名，并有多种形状。此罐色彩中的红色是枣皮红，绘画技法上用线描画地面，这些都符合清康熙时期的器物特征。

通过胎质、青花色泽和绘画技法等方面的判断，此青花五彩人物纹莲子盖罐应是清康熙早期的民窑制品。

作者寄语：日出东海落西山，愁也一天乐也一天，何必愁而不乐，搞收藏天天乐！

康熙青花淡描龙凤纹炉

在清代香炉器型中，这种钵式炉是较为典型的一种。

此炉显现线条流畅，口微外撇，肚呈扁圆形外鼓；龙纹精细凶猛，凤纹展翅飞舞，自然祥和。青花发色淡雅柔和，釉面粉白如玉，圈足又见胎质硬朗细密，有强烈的古旧感和熟旧感。

综上所述，此青花淡描龙凤纹炉是清康熙中期民窑精品细路瓷。

康熙青花人物纹盘

这件青花人物纹盘纹饰中人物、庭院、盘沿边饰的画法显现出康熙青花瓷的绘画技法特征。其青花用料是浙青，青花发色是康熙青花瓷三种蓝色之一的蓝中泛灰（另外两种是翠毛蓝和黑蓝）。此外，此盘釉面粉白，釉面彩面和圈足露胎处有古旧感，其底款"大明嘉靖年制"是寄托款①。

故此青花人物纹盘应是清康熙中期的民窑制品。

①寄托款：明清瓷器中，有一些不题写本朝年款或堂名款，而题写前朝的年号款识，以表达对前朝曾达到工艺水平的一种崇敬和缅怀，称之为寄托年号款，简称寄托款。

作者寄语： 三更灯火五更鸡，满身汗水一脚泥；收藏圈里搅珍奇，勤奋执着加着迷；脚踏实地谨慎行，成功路上定有你。

康熙青花人物纹盘

这件青花人物纹盘纹饰为三娘教子，有"奇珉如意"四字吉语款。其青花发色是翠毛蓝（翠毛蓝是用珠明料或上等浙青绘制的青花瓷，多在康熙中期出现）。釉面粉白，而非康熙早晚期的亮青釉面。

故此青花人物纹盘是清康熙中期的民窑制品。

康熙青花牡丹纹大盘

青花牡丹纹大盘在康熙时期多有，因而传世品也多见。

此盘呈现出明显的康熙时期青花瓷的特征，如牡丹画成双犄形、花瓣有白边、亮青釉面、康熙早期的酱釉口等。此盘器型硕大，直径在 30 厘米以上。绘画技法草率，延续"粗大明"的风格，没有康熙中晚期的精准细腻，整体具有较强烈的古旧感。

故此青花牡丹纹大盘应是清康熙早期的民窑制品。

作者寄语：春雨贵如油，收获在秋后，练好眼力有一手，难说古玩市场上不捡漏。

康熙青花大披肩纹将军罐

将军罐是清代的器型，但早、中、晚期器型各有不同。

这件将军罐从器型上来看，符合清康熙时期的器物特征。大披肩纹饰和青花留白纹饰出现在青花瓷上，在清康熙时期最为多见。另则，此将军罐古韵十足，老旧感强烈。

故此青花大披肩纹将军罐应是清康熙时期的民窑制品。

康熙青花五彩开光洞石花卉将军罐

将军罐是清代的器型,但早、中、晚期器型各有不同。清康熙中期以前,五彩瓷中的蓝彩多用釉下青花;到了康熙中期,开始出现釉上蓝彩。这也为五彩瓷断代提供了依据。

这件青花五彩将军罐,青花浓重、深沉,红色为枣皮红,有浙青料重者浓红的特点,因而应为清康熙早期的民窑制品。

作者寄语:是福不是祸,是祸躲不过。苦辣酸甜都尝过,一生才算没白活。

康熙青花五彩众仙女纹将军罐

将军罐是清代的器型，但早、中、晚期器型各有不同。如清早期顶盖多宝珠钮，中晚期多平顶钮。

这件将军罐是宝珠钮，可见年代早些。其所绘众仙女，其衣着、头饰、动作都有康熙瓷绘中仕女的特点：发髻高挽，脸盘丰满，眉如月弯、端庄不凡，衣裙坠地色彩浓艳。纹饰中又有康熙时期多有的括号云。此外，此罐为青花五彩，在时代上应是康熙中期以前的。因为康熙中期以后出现釉上蓝彩，就不再用釉下青花作蓝彩。罐的平砂底有火石红泛出，二层台圈足明显。

综上所述，此青花五彩众仙女纹将军罐是清康熙早期的民窑制品。

康熙青花五彩人物故事将军罐

五彩瓷创烧于金代的磁州窑，瓷都景德镇元代开始烧制。明清瓷器中，五彩瓷有两个黄金期，其一是明嘉万，其二是清康熙。

将军罐是清代器型，且采用釉下青花，因而在时代上应属康熙早期。此罐平砂底，红色为枣皮红，绘画主题为"黄鹤楼"，绘画笔法清新明快，画风随意自然，人物袖举带张线条流畅。

综上所述，此青花五彩人物故事将军罐应是清康熙早期的器物。

作者寄语：一场秋雨一场寒，到了冬天要穿棉。假的会输给时间，真的会成为永远。

康熙青花五彩洞石牡丹大将军罐

俗话说：有盖没盖差一半。此罐有盖，因而略显珍贵。

此罐不仅器型硕大，更为突出的一点是，其花叶和花朵上用青花绘画，着实少见。此罐所绘图案为雉鸡牡丹，绘画技法精细柔美。雉鸡牡丹纹在瓷器上出现始于元代，而到了清康熙时期更盛，不仅民用器上，宫廷用瓷也多画雉鸡牡丹。罐底是细沙底浅圈足，底的边沿有刀削痕。

综上所述，此青花五彩洞石牡丹大将军罐是清康熙早期的民窑制品。

康熙五彩人物故事将军罐

此件五彩将军罐有着流畅的造型和迷人的色彩线条。

人物绘画姿态儒雅，神态安详，体态勾画线条简练流畅。其彩料呈现出清早期的特色，如红色似枣皮红，而非晚清浅淡的矾红；绿色闪黄，而不是晚清的透黑。此外，此罐有"括号云""洞石"和"空中高悬的小太阳"等图案，底部双蓝圈，二层台圈足，这些都是清早期器物的瓷绘特征。

综上所述，此件五彩人物故事将军罐是清康熙时期的民窑细路瓷。

作者寄语：江水长，秋草黄，天苍茫，雁何往。路在脚下，玩收藏，一定选准方向。

康熙青花五彩狮穿牡丹将军罐

将军罐是清代的器型，但早、中、晚期器型各有不同。

此罐红色为枣皮红，牡丹画成双犄牡丹，口沿边饰呈火焰状，器底有手工刀削痕。

从器型和纹饰来看，此青花五彩狮穿牡丹将军罐应是清康熙早期的民窑制品。

康熙青花五彩芦雁纹花口盘（五只）

五只小盘保存完好。盘中呈现的是《芦雁图》的场景：在秋水碧波、芦花似雪的苇塘中，鸿雁嬉戏飞舞。远处的山、脚下的水苇塘和飞舞的大雁，让人身临其境，确有鱼游清池、鸟戏绿茵之感。

此外，小盘为青花五彩，酱釉口，底足胎上有老化的火石红和烧造中的粘沙，有青花寄托款"大明成化年制"。

综观五只小盘，有古旧感，应是清康熙早期的民窑制品。

作者寄语： 日出作，日落息，春耕夏锄秋收获；收藏也要这么做，练好眼力买不错。

康熙青花枯枝花鸟筒觚

筒觚是花觚的一种，与花觚相比，筒觚没有突出的圆腹，上有撇口且上下粗细相同。

此件筒觚画片为枯枝花鸟，又是回头鸟，是清早期独有的画片。此画片可以概括为"枯枝树立，落叶满地，太阳高悬，回头鸟有意"，意味着清初的人们还在回望已去的明朝。此外，筒觚釉面为彩面，口沿有酱口，二层台圈足，古旧感强烈。

故此件青花枯枝花鸟筒觚应是清康熙早期的民窑细路制品。

康熙青花团凤纹钵式炉

  龙、凤、龟、麟统称"四灵",在人们心中,它们是驱邪、避灾和祈福的象征,因而在晚清瓷器上多有四灵的图案和纹饰。其中,凤纹有团凤、夔凤、百鸟朝凤、凤凰牡丹等样式。

  此炉色彩淡雅,绘画精细,釉面粉白,而非康熙早、晚期的亮青釉面,又有康熙中晚期的灯草口。双蓝圈款有起落笔,可以看出是手绘而成。

  综上所述,此件青花团凤纹钵式炉是清康熙中期的民窑制品。

作者寄语:收藏有苦有甜,有泪有汗,买错了怎么办?兴趣不减,执着不变。

康熙青花牡丹花卉大盘

从器型来看，大盘边沿向上，而非清中晚期多有的向外撇或折沿。盘形硕大，胎质硬朗，釉面亮青泛绿。从绘画技法来看，此盘青花发色蓝中泛灰，大盘里心画满缠枝牡丹纹，牡丹花瓣留有白边。这是康熙时期的花瓣绘制技法与特征。

整个器物老气十足，应是清康熙时期的民窑制品。

康熙青花鱼藻纹案缸

　　在清代不同时期，案缸器型亦有所不同。从缸沿来看，康熙时期多板沿；乾隆时期多绳沿；清中期多角沿；清晚期多无沿（有沿不外伸或突起称之为无沿）。

　　此案缸是板沿，因而在时代上应属清康熙时期。鱼藻纹中的青、鲫、鲤、鳜四种鱼，绘画精细，真切似手，用笔流畅，鱼有动感。案缸青花发色为翠蓝，接近翠毛蓝。

　　故此青花鱼藻纹案缸应是清康熙时期的民窑制品。

作者寄语：无论茶水是浓是淡，让清香永驻心间；无论距离是近是远，让收藏把我们紧密相联。

康熙青花仕女人物折沿碗

这件折沿碗的仕女人物绘画有清代特征——发髻高挽，眉如月弯，长裙托地，色彩浓艳。其纹饰中的地面用分水法的披麻皴技法绘制，又有康熙青花瓷中多有的鱼鳞草。此碗采用上等青花发色——翠毛蓝，碗的边饰是锦地开光内填花卉纹。此外，碗的胎质硬朗细密，釉面粉白，器底双蓝圈里有"大明成化年制"寄托款。

综上所述，此青花仕女人物折沿碗是清康熙中期的民窑制品。

康熙青花五彩狮穿牡丹莲子罐

此罐有狮穿牡丹纹和火焰状边饰,且用青花作蓝彩,这些均为清康熙早期之前的器物特征。此外,此罐的红彩、绿彩特别艳丽,青花发色深蓝沉稳,色彩上给人以厚重的质感。二层台圈足呈现黄褐色的火石红,釉面彩面古旧感强烈。

综合上述特征,此青花五彩莲子罐是清康熙早期的民窑细路制品。

作者寄语:收藏取舍,参与有我,多多上手;别隔山买牛,隔岸观火;练好眼力,会博得藏界认可。

康熙五彩花卉纹折沿盘

此类盘的折沿有外销风格,多是外销瓷。此盘既有釉下青花又有釉上五彩,制瓷方法是在烧好的青花瓷上绘制五彩纹饰后,二次入窑烧制成青花五彩。

此盘绘画精细,色彩艳丽,红色是清早期的枣皮红色,外墙的中沿边饰是康熙时期多用的锦地小开光。胎质硬朗细密,圈足的形态也是康熙时期多有的。

综上所述,此青花五彩花卉纹折沿盘是清康熙时期的民窑制品。

康熙青花五彩人物纹小筒瓶

筒瓶寓意"天下一统"。

从器型和红彩（枣皮红）来看，这件小筒瓶在时代上应属于清早期。瓶中人物纹饰着长袍、带儒冠，手扶书案，思断眼前，又有书童后边窥探，头上括号云空中悬。这样的纹饰，多在清早期图中见。此外，筒瓶平砂底，已有包浆，釉面古旧感强烈，老气十足。

综上所述，此青花五彩人物纹小筒瓶是清康熙早期的民窑制品。

作者寄语：梦是好的，想是真的，思是深的，念是甜的，拥有一件古玩是美的。

康熙青花人物鸡腿罐

此类器型应有盖，书中将其视为将军罐的一种，而行里民间称其为"鸡腿罐"。

此罐胎质硬朗细密，二层台圈足，又有康熙青花瓷多有的双蓝圈。画面上的庭院、彩云和足上方的苔点斑状边饰，有着清康熙时期器物的风格与特征。另其青花彩面沉稳亮丽，有翠毛蓝的色泽。

综上所述，此青花人物鸡腿罐是清康熙时期的民窑制品。

康熙釉下青花釉上红彩花卉纹盘

　　这件红彩花卉纹盘为釉下青花、釉上红彩的花卉纹饰，绘画细腻，用笔流畅，有风吹枝叶摇的动感美。从圈足上的胎质看，此盘细密硬朗，有清早期的包浆。

　　此盘釉面、彩面古旧感强烈，应是清康熙时期的民窑制品。

作者寄语： 繁与简，疏与密，古意民俗雅趣为一体，继承古法要有新创意。

康熙茄皮紫釉暗刻龙纹盘（官）

茄皮紫创烧于明弘治时期，清代各朝都有生产，但传世品很少。

此盘茄皮紫釉色凝重古朴，色彩亮丽浓深；暗刻龙纹气韵盎然，龙周身气势凶猛，有动感，视觉上给人以美的直感。同时，在款识、圈足和釉面纹饰上，此盘都有官气。

故此茄皮紫釉暗刻龙纹盘应是清康熙本朝的官窑制品。

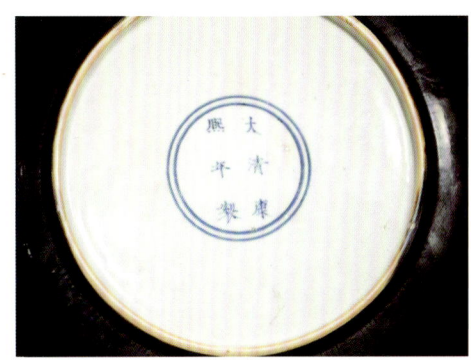

康熙红地五彩缠枝菊纹笔筒

康熙五彩有其独到的时代特色和完备的工艺水准,其品种不仅继承了明代多有的白地五彩,还创烧了色地五彩、釉上蓝彩以及代替五彩的粉彩瓷。

笔筒画面以盛开的秋菊为主,花朵、花蕾和枝叶布满整个红色笔筒外壁,满而有序。菊花绘画精细,每只花朵有三层花瓣,画师选取五种颜色,用墨彩勾画其轮廓。笔筒口沿与足上均涂有一圈粉白釉,清晰亮丽。此外,笔筒的底是玉璧底,有康熙笔筒的特征(雍正时期多平砂底,乾隆以后多窄圈足底)。

综上所述,此红地五彩缠枝菊纹笔筒应是清康熙中晚期的民窑制品。

作者寄语: 收藏的大课堂,透出现实与古韵、辛劳与成果、智慧与机遇的交融,融入其中,心中有梦想、前进有方向、脚下有力量,收藏的路上永不迷航!

康熙黄地粉彩龙纹钵式炉

目视这件钵式炉，观其形，赏其工，品其内涵，确有极高的艺术欣赏水平和难得的现实收藏价值。

此炉的瓷器品种是粉彩，粉彩瓷创烧于清康熙晚期，成熟于雍正。黄地显现厚重，五彩龙纹柔中见刚，淡雅柔丽，疏朗活放，给观者以直感美。炉的圈足呈现二层台，炉体黄地上方有蓝色连续回纹，更增添了器物的整体美。

综上所述，此黄地粉彩龙纹钵式炉是清康熙时期的民窑细路制品。

康熙五彩芭蕉仕女人物筒瓶

筒瓶是明末清初较流行的瓷器器型，寓意"天下一统"。因为立件和器型秀美，筒瓶常被誉为"瓷圣康雍乾"的佳品，可与"青花之神明永宣"相媲美。

此件筒瓶的底足可见胎是康熙时期的胎，绘有仕女芭蕉和锦带祥云，红彩为枣皮红，彰显出康熙时期的器物特征。

因而此五彩芭蕉仕女人物筒瓶应是清康熙时期的民窑制品。

作者寄语： 一个成功的收藏家，是要在泥水里滚过，在汗水泪水里浸过，让我们多泥水、多汗水、少泪水。

康熙五彩人物梅瓶

梅瓶最早出现在唐代，宋辽时期广为流传，各窑口都有烧造。宋代称其为"经瓶"，明代以后改称"梅瓶"。历史上，梅瓶被人们用作盛酒器，现今只是观赏器。

梅瓶一般为小口、短颈、丰肩、瘦底，而这件梅瓶瓶口略大，因而常被称为"大口梅瓶"。此梅瓶有人物纹饰，绘画细腻，色彩艳丽，应是清康熙早期的民窑制品。

康熙五彩人物纹将军罐

此将军罐有明显的康熙时期的器物特征：

其一，细砂底老气十足，有慢轮旋削式跳刀痕，主纹饰以外的空地上画有括号云团；其二，人物的着装与开脸都有康熙时期的特点；其三，青花色泽偏蓝灰，是康熙时期三种青花色泽之一；其四，红彩为清早期的枣皮红。

故此青花五彩人物纹将军罐应是清康熙时期的民窑制品。

作者寄语： 藏品的价值体现在真，藏友的人格体现在善，收藏净化心灵，体现了美。这三点构成了"真善美"。

康熙五彩福禄寿纹线条瓜棱菱口碗

此碗绘画精细,胎质硬朗,纹饰简洁。

碗上绘有篆书变形寿字和蝠鹿纹饰,有"福禄寿"的吉祥寓意。

据其器型、胎质和釉面光泽,可断其为清康熙时期的民窑制品。

康熙五彩锦地开光四鱼图梅瓶

　　这件梅瓶口沿上有火焰状边饰，图中红太阳高悬，细砂底有旋削式跳刀痕，且红彩为枣皮红。梅瓶的绘画技法符合清康熙时期的绘画特征，如四开光中的水面是用线条线描表现，而非清中晚期的大笔涂抹画法。

　　梅瓶釉面、彩面、底面老气很足，包浆灿然，应是清康熙时期的民窑制品。

作者寄语：鱼儿只看到食，未看到鱼钩，只看到诱惑在外，未看到凶险在里。藏友们，收藏除了防赝品，更要防骗局。

康熙五彩海马纹将军罐

将军罐是清代的器型，而海马纹是明清瓷器上常见的纹饰。

这件将军罐所绘图案中，赤马腾跃于万顷碧波之上，使得马的形象更具神异色彩。红彩为枣皮红，海水用线描的手法而非清中晚期的涂抹；平砂底面有清初多见的火石红和旋削式跳刀痕；青花发色深蓝，色彩沉稳。

故此五彩海马纹将军罐是清康熙早期的民窑细路制品。

康熙钟式龙凤纹高足杯

　　此杯杯体似一钟形倒放,其高足底深深凹陷,胎质硬朗细密,釉面闪青。龙凤纹绘画精细,龙纹凶猛,有一飞冲天之感,而非清晚期龙纹呈现的衰老态势。青花发色浓艳,有浙青特点。

　　故此钟式龙凤纹高足杯应为清康熙时期的民窑精品瓷。

作者寄语: 藏机有深浅,瞬间见亮点,抓住机遇手不软,觅得珍奇也不难。

康熙青花花卉碗

此碗里外的花卉纹饰布局和模压碗形都有外销风格,应是件外销瓷。花卉碗的款识是"奇玉宝鼎之风"的吉语款,胎质细密硬朗,有康熙糯米胎之特征,釉面古旧感浓厚,青花发色沉稳厚重。

故此青花花卉碗应是清康熙时期的民窑细路外销瓷。

康熙八仙人物纹三足炉

这件三足炉纹饰为八仙人物纹，不俗不燥，凝重华贵。其青花发色是用珠明料绘制的翠毛蓝。如图所示，翠毛蓝源自翠鸟蓝色羽毛的青翠色泽，翠鸟有尖尖的鸟嘴和红红的利爪，其不仅有羽毛的蓝色美，又有突显的火石红肚皮而使鸟的整体更具形态美。

故此八仙人物纹三足炉应是清康熙中期同类青花炉中的上上品。

作者寄语：有师为一生之幸，搞收藏需有老师。要以物为师，以书为师，以友为师，以师为师。

五、清早期

康熙红彩摇铃尊（一对）（官）

摇铃尊是康熙时期的器型，高雅、高贵而不多见。

这对摇铃尊为二层台圈足，釉面粉白，胎质硬朗，纹饰采用线描绘画技法，"大清康熙年制"款识周正。

故此对红彩摇铃尊应是清康熙本朝的官窑制品。

雍正粉彩婴戏图将军罐

以儿童游戏为题材的瓷绘最早出现于唐代长沙窑，其后在宋代磁州窑和景德镇窑中也有发现。但瓷器上盛行婴戏图案则始于明代早期。《饮流斋说瓷》记载："绘小儿游戏之画，亦自明始……有五子、有八子、有九子、有十六子，有百子……"

婴戏图案有庭院婴戏和郊外婴戏，此罐图案即为后者，从中可以看到童嬉雅趣之多个婴戏场面。此罐胎质细密硬朗，圈足有雍正时期的特征，古旧之韵浓重。

综合上述特征，此件粉彩婴戏图将军罐应为清雍正时期的民窑细路精品瓷。

作者寄语： 托尔斯泰说：人生的价值并不是用时间，而是用深度去衡量。时间与深度是数量与质量的关系。人生这样，收藏亦如此，应求度求质量。

雍正粉彩龙纹香炉

粉彩创烧于康熙中晚期，成熟于雍正时期。

此炉的器型属于康雍时期的钵式炉，器型秀美，线条流畅。纹饰是厚粉彩绘制，有厚重的质感。主纹饰是蓝地绘团寿、花卉和两条跃动的龙纹，有清早期狮子头的凶猛态势。炉的器里可见的釉面和炉外墙的彩面，有厚重的包浆和古旧感。

综上所述，此粉彩龙纹香炉是清雍正时期的民窑制品。

雍正仿哥釉笔筒

景德镇从明代开始已有仿哥釉瓷,但现今藏界和市场上,仿哥釉瓷制品以清代最为常见。这件笔筒在年代上应属于后者。

此笔筒是哥釉大开片,金丝铁线深深地埋在釉中,简约美观;口沿色浅,是自然形成的灯草口;底足是平砂底,其护胎浆水已老化形成火石红,黄褐色浓重。

综上所述,此哥釉笔筒是清雍正时期的民窑制品。

作者寄语:财富不是朋友,而朋友却是财富,有朋友同行,是一种和谐,有朋友忠告,是一种激励,有朋友支援,是一种幸福。

雍正青花斗彩鼻烟壶

鼻烟是明万历九年（1581），法国传教士利玛窦来中国送给万历皇帝的，当时用烟盒盛装。烟壶是后来由中国人创制的，除有瓷制，还有玉、金属、木、竹和玻璃等其他材质的。

这件鼻烟壶的纹饰中有斗彩纹饰，即用青花勾边、釉上填彩二次烧成。纹饰图案应是孙悟空腾云驾雾、大闹天宫的场景，绘画不细，略粗糙。

从圈足和胎质来看，此件鼻烟壶应是清雍正时期的民窑制品。

雍正青花洞石花卉小观音瓶

这件小观音瓶器型独特秀美，构图含意深远。

小瓶深圈足，从器型上看，其时代应属于雍正时期。其纹饰内容选取洞石和竹菊题材，竹经冬不凋，空怀若谷、直而有节；菊在百花凋零之际破霜而开，有抗逆的性格。绘画风格采用清早期的多线描画法，山石采用斧劈皴画法画成，笔道刚劲有力（仿品一般线条生硬，笔触乏力）。

据其胎釉、器型和青花发色特征，断其为清雍正时期的民窑制品。

作者寄语：当草根，接地气，谈瓷论瓷，说话更有份。藏友间多过事，收藏鉴赏更有味。

雍正仿哥釉盘

仿哥釉是景德镇仿宋代五大名窑（官、哥、汝、定、钧）高古瓷的仿品，景德镇在明代永宣时期就有仿，但以清雍乾时期的仿品为最佳，现今世面上的仿品也以后者为主。

盘上的金丝铁线把器物烘托得有苍古、质重、淳厚之感，大开片，釉光温润厚重，盘里、外墙面有深深的古旧感。

从质地、釉光和器型等方面，可断其为清雍正时期仿哥釉盘中的上上品。

雍正仿哥釉三足笔洗

哥釉瓷是宋代五大名窑（官哥汝定钧）之一，现今市面上以清代景德镇生产的仿哥釉瓷为主。宋哥胎多紫黑，铁黑，少有黄褐色；清代仿哥瓷的胎则是微微泛黄的白胎。

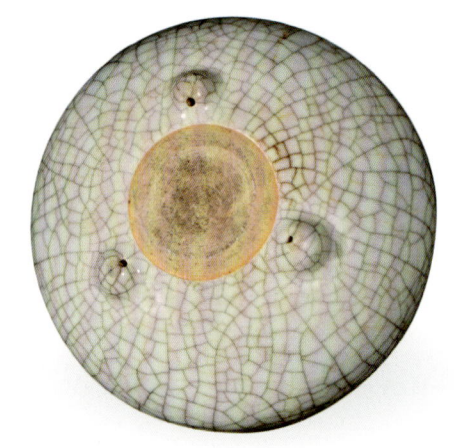

这件笔洗器型圆润秀美，金丝铁线深入釉层，大开片（还有一种是小开片，被称作"鱼子片"，没有大开片亮丽美观），应是清雍正时期的民窑作品。

哥釉瓷的现代仿品充斥市场，真假难辨，藏友们还需多加小心。辨伪的要点很多，瓷器的光泽（包浆皮壳）尤为重要，仔细看其包浆皮壳，就不难辨真伪。

作者寄语： 收藏引领时尚，时尚督导收藏，要想成功收藏，需要多逛市场，市场、收藏都是当今的时尚。

雍正粉彩庭院洞石花卉盘

此盘以牡丹花卉为主,又配有蓝色的洞石,不俗不燥,凝重华贵。其中,牡丹采用圆形画法和厚粉彩,而非康熙时期的双犄牡丹和晚清民国时期的薄粉彩与水粉彩。

此盘釉面、彩面都有古旧感,应是清雍正时期的民窑制品。

雍正粉彩人物故事折沿盘

这件折沿盘圈足上的火石红明显,釉面、彩面包浆灿然。

其绘画内容选材于西厢记中二位主人公相约相会的场景,主纹饰与边饰绘画细腻典雅。虽未见落款,但据其精细度也可推断其为画师之作,并非画工所能完成。

此盘古旧感浓厚,应是清雍正时期的民窑制品。

作者寄语: 春有嫩绿,秋有黄;夏有百花,冬有雪。和藏友一块谈收藏,玩深、玩透、铸辉煌。

雍正青花松鹿盘

"山静松声远,风轻云淡去",一对嬉戏自得的梅花鹿抬蹄扬头观夜景,蝙蝠夜间舞动双翅天上来。此盘描绘的正是这样一幅图景。

盘中纹饰青花色彩艳丽凝重,独具奇质美韵。圈足内的平砂底细密硬朗,已有微微泛黄的火石红,可见其老气十足。另则盘沿上的灯草口,白润光泽,自然老旧。

青花松鹿盘整体给人以直感美,应是一件难得的清雍正早期翠毛蓝青花瓷佳作。

乾隆豆青地青花双耳盘口瓶

豆青青花瓷是青花的重要品种，创烧于明宣德时期。其为高温釉下彩瓷，在1200~1300℃高温下烧成，官、民窑都有烧制。

此瓶颈细腹大并有瓜瓣棱，青花纹饰仅见颈部肩部，造型古朴典雅，布局疏朗，有意境、有格调。图中可见其圈足泥鳅背圆润，有淡淡的火石红，一双夔龙耳，精巧端正，给整个器物锦上添花，画龙点睛。

此盘口瓶古旧感强烈，应是清乾隆时期的民窑细路制品。

作者寄语： 收藏是在大众收藏中寻奇，在摔打中练就，勤奋中会迎来你的大手笔。

乾隆青花釉里红鼻烟壶

鼻烟是明万历九年（1581），法国传教士利玛窦来中国送给万历皇帝的。此类鼻烟壶的瓷器品种是青花釉里红，是釉下彩瓷的一种，始烧于元代，是较为高档的瓷器品种。

此鼻烟壶为山水人物纹饰，描绘了《牧牛图》的场景，即唐代诗人杜牧《清明》所云："借问酒家何处有，牧童遥指杏花村。"此器胎质硬朗细密，青花色泽沉稳，山石用披麻皴法绘制，应是清乾隆时期的民窑细路制品。

乾隆蓝上蓝天球瓶

天球瓶是晚清瓷器中的高雅器型，是观赏陈设瓷。其创烧于明永乐时期，官、民窑都有生产，特别是宫廷里的御用瓷也多有天球瓶。这种器型多体大端正，气势雄浑，造型古朴，因其圆腹似球而得名。蓝上蓝创烧于清康熙时期，现今所见实物只有康熙、乾隆二朝的。

此瓶胎质硬朗细密，圈足呈泥鳅背，口沿有灯草口，釉面细密、平整、光亮，青花沉稳、色深，据此断其为清乾隆时期的民窑细路制品。

作者寄语： 收藏路上跑得快不一定行，不摔跟头才是成功。注意脚下的路，捡漏打眼，随时有发生，小心别掉进陷阱。

乾隆青花冰棱格花卉壮罐（官）

此类青花壮罐创烧于明永宣时期，成化、乾隆时期都有仿烧，三个时期的瓷器都是无款官窑器。永宣、成化两时期与乾隆时期烧制的壮罐相比，主要区别在于青花用料，前者用苏料，后者则采用浙青。此外，在壮罐足上方外墙边饰上，永宣、成化皆画斜线席纹，乾隆时期则为花瓣纹；前者圈足成平齐状，后者圈足呈"泥鳅背"状；永宣、成化罐体有接胎痕，乾隆时修整的内外壁均看不出接胎痕；前者底足内是半乳浊的浆白釉、有鱼肚白的浅黄色，后者底足内粉白而光洁。据史料记载，乾隆十三年（1748）皇帝下旨，令唐英按永乐官窑壮罐烧造，不落款，因而乾隆时期有一批这样的壮罐问世。

此件青花冰棱格花卉壮罐古旧陈韵，老气十足，有上述乾隆时期的器物特征，故应为清乾隆本朝的官窑制品。

乾隆窑变釉观音瓶

观音瓶始见于清康熙时期，至民国时期都有生产。观音瓶有单色釉、青花、五彩、粉彩等多个品种，且官窑、民窑都有生产。由于朝代和瓷器品种的不同，虽都为观音瓶，但造型有差异，此件符合清早中期观音瓶的特点，晚清民国以细高型多见。

此瓶瓶底是窑变釉瓷的"大撅底"，圈足露出胎质。器身有开片（冰裂纹），这一点是红釉瓷中的窑变釉与祭红的差别（祭红一定没有开片）。其釉面有一丝丝的蓝色斑条状纹理。

综上所述，此件窑变釉观音瓶应为清乾隆时期的民窑制品。

作者寄语： 岁月雕刻了生活的纹理，人生历练了前程的足迹，收藏路上的每一笔，何尝不是可圈可点，留给今后的美好回忆。

乾隆窑变釉双狮耳香炉

窑变釉是红釉的一种，是高温单色釉瓷，创烧于清雍正时期的景德镇窑。祭红的彩料是氧化铜，而窑变釉的彩料里除氧化铜外，还有不同的金属元素。烧制过程中，由于这些不同的金属元素，便产生了蓝、黑、黄等不同的色斑。雍乾时期的窑变釉多线条状的斑纹，而到了清中晚期、特别是晚期，斑纹成片状或块状，可以此断代。

这件窑变釉双狮耳香炉色彩艳丽，古旧感强烈，且是线条状的斑纹，应为清乾隆时期的民窑制品。

乾隆青花粉彩描金花卉纹盘

青花粉彩创烧于清乾隆时期的景德镇窑，是在粉彩创烧之后锦上添花的一个品种。

此盘纹饰布局疏朗，有意境、有格调，繁而不乱；色彩艳丽，粉彩绘画中的色阶表现突出，每个花瓣由浅到深，有立体感和美感；青花配上描金，格外庄重。

此件花卉纹盘的器表与胎质、釉面、彩面都有老气，应是清乾隆时期的民窑制品。

作者寄语：健康不是一切，没了健康就没了一切，玩好收藏，需要健康的身体。

乾隆轧道粉彩人物观音瓶

轧道粉彩创烧于清乾隆时期，此瓶是绿里粉彩，也是创烧于这一时期。乾隆时期，绿里粉彩的绿色较浅淡；到了清朝中晚期，尤其是晚期，绿色较深。这亦是断代的依据。

此观音瓶底足为二层台，泥鳅背，胎质细密硬朗，有乾隆时期的器物特征。其纹饰绘画色彩艳丽，绵轻柔和。黄里透红，粉里透白，绿里显黑，白中带绿，色彩交汇恰到好处。

故此轧道粉彩人物观音瓶应是清乾隆时期的民窑精品瓷。

乾隆青花凤纹盖罐

这件青花盖罐纹饰、构图疏朗简洁，笔触精细、清秀典雅。

此罐有原配盖，盖下为砂口，圈足有乾隆时期的瓷胎，底釉面有自然烧制成的棕眼。其主纹饰是云间的变形凤纹（即夔凤，亦有夔龙之说），云纹画有明嘉万时期多有的"壬"字云和"朵云"。

根据上述特征，此青花凤纹盖罐应是清乾隆时期的民窑制品。

作者寄语： 宁买真似假，不买假似真，买到真品是根本，别让赝品误了收藏人。

乾隆青花粉彩花卉纹小杯（官）

青花粉彩创烧于清乾隆时期，以后各朝都有生产。这件小杯就是青花粉彩。

小杯器型周正，泥鳅背圈足做工十分到位。其纹饰为三多纹和西番莲，绘画精细，有官窑器的风采。尤其是红字篆书四字"乾隆年制"款，书写规整，够官款。

故此青花粉彩花卉纹小杯应是清乾隆本朝的官窑制品。

乾隆紫口铁足青花婴戏纹小罐

　　紫口铁足属铁泥花的一种。这件小罐的紫口铁足用菱纹和蕉叶纹刻花表现，纹饰式样很有格调；别处还有堆塑铁泥花，符合清乾隆时期的器物特征。

　　主纹饰是青花婴戏图，青花发色淡雅，人物孩童姿态各异、形态活泼，生活气息浓郁，很有生气。其底足底面胎质细密硬朗，釉面光泽温润，有古旧感。

　　综合上述特征，这件紫口铁足青花婴戏纹小罐应是清乾隆时期的民窑制品。

作者寄语： 有限挑战无限，捡漏挑战打眼，眼力练好，不会错花一分钱。

乾隆铁泥花纹饰双兽耳尊

瓷器上使用铁泥花多出现在清乾隆时期，而像此件器物用铁泥做主纹饰、且全部纹饰用铁泥花做成的，却并不多见。

这件兽耳尊釉面光洁细密，圈足是二层台，圈足款识是用铁泥做成的篆书堂名款。突出双狮耳，虎虎生威，庄严凝重。主纹饰是双鱼纹，上边饰是变形兽纹，下边饰是蕉叶纹。其纹饰布局疏朗，线条流畅，有意境、有格调。

综上所述，此铁泥花纹饰双兽耳尊应是清乾隆时期的民窑制品。

乾隆青花山水楼台纹温盘

这种温盘是清代的器型器物，清代与温盘相关的常有温锅、温酒壶、温碗等器型。

这件温盘胎质硬朗细密，整体包浆明显。绘画细腻，远山近水、小船水中荡漾；人在拱形桥上慢步，生活气息浓郁。青花发色青翠艳丽，绘制运用青花料选取上等浙青。

故此青花山水楼台纹饰温盘应是清乾隆时期的民窑制品。

作者寄语： 在历练中学习，在学习中历练。付出虽然辛苦，终究会有回报。

乾隆豆青地粉彩安居乐业纹盘

鹌鹑用于瓷绘始见于明万历时期，清代此类现象更为常见。

此盘纹饰中有鹌鹑和花卉蕉叶，寓意"安居乐业"，即"各安其居，而乐其业"。瓷绘画面上绘有九只鹌鹑与雉鸡，寓意"长治久安"。圈足细腻硬朗，泥鳅背较为规整，亦有"大清乾隆年制"篆书款。

盘的釉面、彩面有老气、古旧感，应为清乾隆时期的民窑制品。

乾隆青花缠枝菊纹绣墩

绣墩创烧于明中期正德年间，各朝代有其不同的型制和特点。

这件绣墩腹部两侧有镂空雕双钱，鼓钉较大，区别于明代绣墩腹两侧多突出的狮子头塑件和鼓钉小的特点，应为清乾隆时期的器型。其绘画技法是乾隆时期仿照宣德时期的重笔点染，青花发色选用上等浙青，底足胎质细密硬朗，古旧感强烈。

综合上述特征，这件青花缠枝菊纹绣墩应是清乾隆时期的民窑细路制品。

作者寄语：收藏要抓机遇，要从低级到高级，以从谋略到格局。两者携手同行，有如我和你，玩出小名家大手笔。

乾隆仿官釉荷叶碗（官）

此碗器型为荷叶碗，造型古朴典雅，釉色晶莹艳丽。

其瓷器品种是高温单色釉，有裂纹釉的美，单色而不单调，低调而有内涵。"乾隆年制"四字篆书款周正完美，器型有官窑特征。因宋代官窑瓷是黑胎，而景德镇仿官窑瓷胎是白胎，故此荷叶碗是景德镇烧造的仿宋官窑器物。

故此件仿官釉荷叶碗应是清乾隆时期的官窑制品。

乾隆青花缠枝莲纹贯耳六方瓶

六方瓶制作程序复杂，因而存世品相对较少。

此六方瓶器型端庄大方，青花纹饰采用乾隆仿明宣德时期重笔点染的绘画技法，九层纹饰布局繁复确有序，是清代瓷器中的高雅器型。

此瓶沧桑感浓重，有古旧熟旧感，应是清乾隆时期的民窑制品。

作者寄语：路不通时，选择绕行。心情不快时，尝试把事看淡。

乾隆青花矾红龙纹盘（官）

龙是中华民族从原始文化向图腾文化过渡时期的产物，是中华史前先民普遍认同的吉祥物，新石器时代就已有龙纹。先民们把龙人性化，赋予其多重社会属性和广泛的文化内涵。

此龙纹盘器型周正，青花海水矾红龙纹绘画得十分精细。龙为明代的猪嘴龙，外墙绘画的九条龙，象征皇帝的九五之尊。此外，"大清乾隆年制"款识是标准的乾隆官款，圈足泥鳅背圆润，老气十足。

故此青花矾红龙纹盘应是清乾隆本朝的官窑制品。

乾隆中式柿右卫门瓷瓜果大碗

清初，景德镇由于战乱不生产外销瓷，因而欧洲人在当时前往日本购买瓷器，主要有伊万里瓷和柿右卫门瓷两类。此碗应为"中式柿右卫门瓷"。

柿右卫门瓷的名称有如下由来：日本有田仿烧中国的五彩瓷，烧制了这种瓷，又放上了四只能吃的柿子，通过天皇门外右边的门卫送给天皇，于是天皇将其命名为"柿右卫门瓷"。

此碗有外国的风格和色彩，是康熙二十三年（1684）恢复外销瓷生产后，由景德镇烧制的，又有老气，故断其为清乾隆时期的外销瓷。

作者寄语：成功的人生不是赢在起点，而是赢在转折点。勤奋执着，才是最坚实的支点。

乾隆粉彩花卉捧盒

  捧盒是清代的器型，有大有小，这件是大号的。其器型端庄秀美，彩绘凝重华贵。从釉面、彩面和胎质来看，这件捧盒釉面亮丽光洁，胎质细硬致密，老气十足，而非清中晚期的波浪釉面和疏松胎质。

  故此粉彩花卉捧盒应是清乾隆时期的民窑制品。

作者寄语：周末慢生活，该为生活减速，放慢脚步，但收藏的魅力挡不住，逛地摊、逛市场，也很舒服。

乾隆粉彩团花纹盘

瓷器上出现团花始于清雍正时期，但3000年前，团花纹饰在青铜器和白陶上就已出现，因而其历史悠久。

盘中呈现五朵团花，与其它小花搭配，既壮美又突显柔美。盘的圈足上有刷上去的护胎水，随着时间流逝已经老化变黄。整体釉面有古旧感、熟旧感，是件老的器物。

故此粉彩团花纹盘应是清乾隆时期的民窑细路制品。

乾隆祭蓝釉盘

蓝釉是高温单色釉,祭蓝釉瓷创烧于元代,明清各朝都有生产。文献资料中载,明清瓷器有釉上彩和釉下彩,但为何很少提到釉中彩呢?釉中彩是否存在?釉中彩其实是存在的,如祭蓝、祭红就是釉中彩。许之衡在《饮流斋说瓷》中提到祭蓝釉做法:"乃将蓝色与釉水融和挂于瓷胎之上……"高温单色釉瓷就是按照上述方法烧制的。

这件祭蓝釉盘上有时间岁月留下的沧桑感,看其单色釉的色泽、灯草口的做法和胎质等,可断其为清乾隆时期的民窑制品。

作者寄语:有人说:人生就像一架飞机,飞得高、飞得远固然重要,但能安全着陆,更重要。让我们把握好人生。

六 清中期

乾隆（晚期）·嘉庆·道光

清中期粉彩花卉撇口瓶

这件撇口瓶的瓶体呈圆锥形,色彩温润,绘画细腻。其纹饰中有牡丹花和蝴蝶在花上飞舞之景,寓意"蝶恋花"。其胎质较硬朗,釉面彩面有古旧、熟旧之感,应是清中乾隆晚期的民窑制品。

清中期粉彩花鸟纹将军罐

将军罐是清代的器型,粉彩作为瓷器品种是创烧于康熙中期以后。此罐纹饰中的牡丹画法是清雍正以后的绘画技法,再看其圈足和胎质,可断其为清道光前后的民窑制品。

作者寄语: 让收藏的希望都如愿,让收藏的期盼都出现,让收藏的梦想都实现,让收藏的付出都兑现。这一切,眼力功夫是关键。

清中期粉彩人物包袱瓶（一对）

这种瓶的口沿和瓶体可见到褶皱形条纹，似包袱状，因而称其为"包袱瓶"。

这对包袱瓶人物、景物绘画细腻，色彩搭配恰到好处，突显了粉彩的立体效果。其肩部的堆雕与绘画搭配也是十分得体。从釉面彩面及露胎处，可见其老气十足。

故此对粉彩人物包袱瓶应为清中期的民窑制品。

清中期青花粉彩人物扁瓶

这件器物镶有金属物件，应是在国外所作。据说外国人出于美观、加固或因瓷器局部破损而习惯在器物上镶嵌金属构件。因而此瓶应是当年外销，现在又回流的。

青花粉彩作为瓷器品种创烧于乾隆时期。此瓶的纹饰用粉彩作画，绘画精细，人物虽小，但人物脸廓和衣着线条清晰可见。其底部的"大清乾隆年制"款识可视其是乾隆官款，但器型与足的做法都是外销风格。

故此青花粉彩人物扁瓶应是清中期的民窑细路制品。

作者寄语：时光啊，去似朝云无觅处，收藏啊，注意脚下的路，一不小心掉进陷阱，很无助。

清中期哥釉青花花卉纹将军罐

哥釉青花瓷最早见于万历时期的磁州窑，而景德镇是从清康熙时期开始烧制的。现市场上的哥釉青花瓷以清中晚期的最为常见。

这件将军罐从器型来看应是清早期的，但其青花发色泛灰，胎质没有清早期康乾时的硬朗细密，又有清中多有的"成化年制"寄托款，故其应为清中期制品。

清中期窑变釉天球瓶

窑变釉创烧于清雍正时期,有"入窑一色,出窑万彩"的说法。窑变釉是红釉的一种,它与祭红釉有两点区别:其一,窑变釉有窑变,而祭红没有。因为窑变釉彩料中不仅有氧化铜,还有不同的金属元素;而祭红釉彩料里只有氧化铜。其二,窑变釉器表有开片,而祭红没有。

这件天球瓶的底足很不规矩,源于此类瓷器"大撇底"的加工方法——出炉后打掉流在足下的多余釉,因而形成不规整的底足。其露胎处显现出清中期的老胎,釉表有窑变釉瓷的开片,光泽有古旧感。

综上所述,此窑变釉天球瓶应是清中期制品。

作者寄语:写诗功夫在诗处,收藏奥妙在灵感。是雅不在大,花香何须多。勤奋中见执着,辛劳里边有快乐。

清中期蓝釉钱币形水滴

水滴是书写研墨时,用来给砚台里加水的器具。但如此件器物的钱形水滴并不多见。

此钱币纹上有"乾隆通宝"字样,胎质硬朗,蓝色深沉、沉稳厚重,老气十足。

故此蓝釉钱币形水滴应是清中期,准确地说是清乾隆晚期的民窑制品。

清中期仿哥釉琮式瓶

琮式瓶是仿高古玉玉琮而得，但玉琮上有口下无底，而瓷琮式瓶是一个瓶，是有底的。

这件琮式瓶是仿哥釉瓷，小开片，也叫鱼籽纹开片，其釉面白中微闪青亮。其底足上有古旧的包浆，体型端庄大度，且青花款是周正的官窑款。

故此件仿哥釉琮式瓶应是清中期制品。

作者寄语：什么是好，喜欢就是宝。瓦缶胜金玉，布衣笑王侯。

清中期青花釉里红鱼纹盘

这件鱼纹盘在瓷器品种上属釉下彩瓷。

青花釉里红鱼的轮廓是用青花绘成,唯有鱼鳞全用釉里红,使图案别具特色。纹饰中的大鲤鱼似一条可食的真鱼,鱼的眼珠圆睁,两腮微动,细细的鱼须前后绕动。伴有简约的鱼藻,使图案简洁而生动。从底部的细砂底与圈足,可见其老化程度较深,釉面光泽有古旧感。

故此青花釉里红鱼纹盘应为清中期的民窑制品。

清中期墨彩龙纹长颈瓶

墨彩是低温釉上彩，是在烧好的白瓷上作画，然后二次入窑烧成。墨彩单独作画始于清雍正，以后各朝都有烧制。瓷绘中的墨彩画是仿中国传统的水墨画，画中常有点点红纹饰出现。

从器型和胎质来看，这件墨彩龙纹长颈瓶符合清代的器物特征。其釉表、彩面有古旧感，应是清中期偏晚些的民窑制品。

乾隆（晚）蓝地轧道粉彩皮球花盘

轧道粉彩创烧于清乾隆时期，而纹饰中的皮球花最早出现在清康熙时期的瓷器上。

此盘雅致柔润，别具特色，画工精细。皮球花散落盘中错落有致，显现布局上的格调与审美。粉色与黄色皮球花散落在鲜蓝色的彩地上，赏心悦目。器物整体包浆自然，是件老的器物。

故此蓝地轧道粉彩皮球花盘应为清乾隆晚期的民窑细路制品。

嘉庆豆青地粉彩花鸟双耳瓶

这件双耳瓶色彩柔和,釉面莹润平整,纹饰笔法流畅,造型厚重不凡。

纹饰中有博古图、花蝶、雉鸡和飞舞的蝙蝠,纹饰充满古意古韵,有自然的天趣和笔墨的情趣,体现出雅趣与民俗。圈足的胎是清代的老胎,有微微泛黄的火石红,且其釉面、彩面古旧感、熟旧感浓厚。

综合上述特征,此件豆青地粉彩花鸟双耳瓶应是清嘉庆时期的民窑细路精品瓷。

作者寄语: 收藏之巅,美景任博览,尽收眼底。瓷圣康雍乾,光照藏界。青花之神明永宣,成化斗彩,是历史的沉淀,光辉灿烂。

嘉庆哥釉青花龙纹双耳瓶

这件双耳瓶有其自身特色——花口、梅花耳、紫口铁足、五爪龙纹，米汤底和米汤釉面更具特色。米汤釉面如图所见：釉面疙疙瘩瘩、厚薄不均，有流淌的痕迹，色泽略有深浅不一。

其龙纹绘画飘逸，用笔自然流畅，虽是五爪龙，但做工与款识还是民窑路分。画里有清代多用的山字形火云纹、朵字云纹，篆书款"康熙年制"也是清中晚期多用的。其青花色泽艳丽，与晚清时青花的漂浮感相比，略带深沉感，但没有乾隆时期青花浓红用重笔点染的画法。

综上所述，此哥釉青花龙纹双耳瓶应是清嘉庆时期的民窑细路制品。

嘉庆哥釉青花凤凰牡丹纹长颈瓶

哥釉青花瓷创烧于明万历时期的磁州窑,景德镇窑在清中晚期烧制此品种。

这件长颈瓶从开片的老化程度和圈足的形状都符合清中期的器物特征,其青花发色是用浙料绘制的微微泛黑的翠蓝色,有嘉庆时期的发色特征。又有清中晚期多用的"成化年制"寄托款。

故此哥釉青花凤凰牡丹纹长颈瓶应为清嘉庆时期的民窑制品。

作者寄语:老歌情义悠悠,老酒绵香醇厚,老瓷一则难求。

嘉庆青花寿字杯

不论器型还是寿字的书写，此杯都是古色古香，简约而不失厚重，用笔纤丽、清雅别致。

此杯器型典雅，青花寿字各异，别具风采，古意盎然。青花用浙青绘制，有矿物料的色泽与韵味，发色沉稳亮丽，蝌蚪边饰绘画自然流畅。

故此青花寿字杯应是清嘉庆时期的民窑制品。

嘉庆冰梅纹竹节粥罐

  冰梅纹属蓝地白花青花瓷的瓷器品种，创烧于清康熙时期。青花瓷一般都是白地蓝花，而这种蓝地白花与之相反，因此被行里和学术界称为"反青花"。冰梅纹器物在清早中晚期都有，但画法有别，因而绘画技法成为冰梅纹器物的断代依据。

  此粥罐冰梅纹中的冰裂用留白表现，不同于清康熙时期用线描蓝上蓝画和清晚光绪时期用绘制蓝地时的色差表现。粥罐整体与局部都能看到竹节，美观大方，纹饰中还有竹叶。

  故此冰梅纹竹节粥罐应为清嘉庆时期的民窑制品。

作者寄语： 幸福不是经历之时，而是回忆之时。

嘉庆青花留白喜字双耳盘口瓶

青花留白是明清时期不多见的瓷器品种。此瓶带喜字，应是当年的嫁妆瓷。清早期器物的冰裂纹用蓝上蓝线描，清中期的冰裂纹用青花留白，清晚期则用青花的色差来表现。

此瓶的青花发色和肩部冰梅纹的冰裂画法，显现出清中期的器物特征。其圈足胎质较硬朗，有微微泛黄的火石红，应是清中期嘉庆时期的民窑制品。

嘉庆青花山水人物双耳盘口大瓶

　　此瓶器型硕大，是三百件大瓶。山石用分水法绘制，绘画细腻繁满。纹饰绘画的人物故事题材是"渔樵耕读"，有"草木潇潇然、渔翁悠悠然、书声琅琅然、犁地声豁豁然"的情境。其圈足的胎质细密硬朗，有火石红泛出，亮青釉面微微泛绿，且为盘口形式。

　　综合上述特征，此青花山水人物双耳盘口大瓶应是清中期嘉庆时期的民窑制品。

作者寄语：飞逝的时光，留下岁月的沧桑。知了在树上吟唱，有如编织收藏的人生展望。

嘉庆青花人物故事琵琶尊

琵琶尊器型来源于中国著名的弹拨乐器——琵琶，这种乐器在我国已有2000多年的历史。琵琶尊是明清瓷器中高雅的器型，有青花、五彩、粉彩、单色釉等类型，且官窑、民窑都有生产。除景德镇窑外，还有如明代龙泉窑暗刻花卉琵琶尊、明早期吉州窑单色釉琵琶尊等。

此件琵琶尊青花亮丽，人物纹饰用上等浙青绘制，有宝石蓝的风采。釉面莹润，光泽柔和，底款是清中晚期多有的"康熙年制"。

故此青花人物故事琵琶尊应是清嘉庆时期的器物。

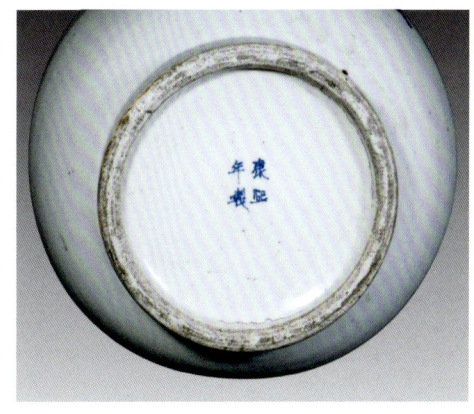

嘉庆青花龙凤纹天球瓶

在远古时期，龙、凤是图腾文化的产物，我们的祖先把龙、凤视为逢凶化吉、呼风唤雨的吉祥神物，寄托他们对幸福生活的向往和期盼。天球瓶海中的龙、云中的凤绘画得十分灵动，有清中期的绘画特点。

明清瓷器中，景德镇从万历二十四年（1596）开始使用浙青料，延续至清代各朝。但不同朝代，青花发色又有不同，如康熙时期多青翠淡雅，乾隆时期多重者浓红，清中期多蓝中泛灰。这件天球瓶的青花发色选用浙青料，有些微微泛灰，因而在时代上应属于清中期。

综上所述，此青花龙凤纹天球瓶应是清中期民窑制品。

作者寄语： 生活是长卷的诗，生活是多彩的画，生活是动听的交响乐，生活是挥之不去的永恒记忆。

嘉庆青花婴戏纹盘

此盘纹饰绘有儿童嬉戏、玩耍的场面，此类纹饰题材被称为"婴戏图"。婴戏图在瓷器上出现始见于唐代长沙窑。到了宋代，磁州窑、耀州窑、定窑等各窑口的瓷器上都开始出现婴戏纹。

此盘的婴戏纹上有八个服饰相同但姿态不一的孩童，从画面可见，他们在捉迷藏，七个孩童围着一个蒙着双眼的孩童在转圈、嬉闹，天真活泼、憨态可掬。此盘青花选用上等浙料绘制，色彩青翠艳丽。其底足的形态有清早期的特征，表面已有微微泛黄的火石红。

故此青花婴戏纹盘应是清中期嘉庆时期的民窑制品。

嘉庆青花花蝶纹凤尾尊

凤尾尊是清代的器物器型，但在清早中晚期器型有所不同。

此凤尾尊为花蝶纹，从青花色彩上看，应是清中嘉庆时期的青花色泽。

故此青花花蝶纹凤尾尊应是清中期嘉庆时期的民窑制品。

作者寄语：生活是快乐的，别烦，身体是自己的，别懒，祝福是送你的，别推，朋友是永远的，别忘。

嘉庆斗彩八宝纹花卉碗

斗彩创烧于明宣德时期，成熟于明成化时期。过去一直认为斗彩创烧于明成化时期，后来由于1984年在西藏发现了一对青花五彩莲池鸳鸯碗，上有斗彩纹饰，这种说法得以纠正。

这只花卉碗是用釉下青花勾边、釉上填五彩彩绘的方法二次烧成。碗的器型有外销风格，虽有"大清嘉庆年制"款，但不够官窑，应是清嘉庆时期的民窑制品。

嘉庆蓝釉菱口高足盘

蓝地堆白始烧于明宣德时期,比留白更高档,曾是明宣德时期的名贵瓷器品种。

此盘是高圈足,蓝色釉面深沉,釉面硬朗莹润,有包浆,圈足的胎质坚硬致密。

故此蓝釉菱口高足盘应为清中期嘉庆时期的器物。

作者寄语:"好心态"是人生的好伴侣,有了它,才能愉悦、健康和幸福。

嘉庆粉彩铺首耳四方瓶

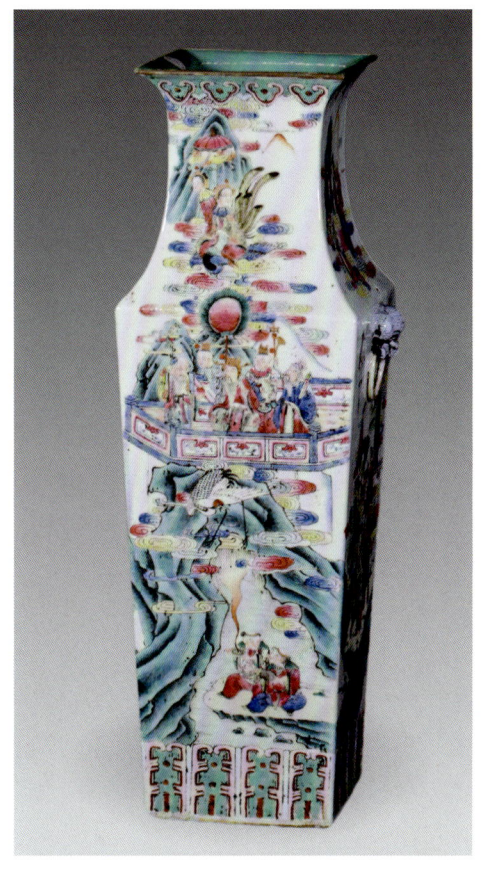

该四方瓶呈四方锥形撇口，器型硕大、端庄大方。纹饰绘画有人物故事多组，男士着长袍、戴儒冠，女士发髻高挽、袖带高举、长裙色彩浓颜。山间多有祥云飘飘然，蝙蝠仙鹤空中悬。远处的高山，脚下的水面，图中的寿星，有八仙，真是天上人间一线牵，既有生活的情趣，又不乏古意盎然。

纹饰中的地面水面，既有大笔涂抹，又有线描和细笔淡描，应为清中期的绘画风格。边饰是清代绘画中多有的如意纹和变形莲瓣。值得一提的是，"画树难画柳，画人难画手"，瓷绘人物的描绘中，每个人的手指线条都极为清晰。

该四方瓶釉面彩面有厚重的包浆，古旧熟旧之韵清晰，是件难得的清嘉庆民窑细路制品。

道光孔雀蓝釉天球瓶

孔雀蓝釉也称翡翠釉，低温釉，始见于宋代磁州窑。孔雀蓝釉的上釉方法有两种：其一是在烧好的素胎（浆胎）上挂孔雀绿釉烧制；其二是在烧好的白瓷器上罩孔雀绿釉烧制。但前者易开片脱釉。

这件天球瓶从器型上看应是清中期的，根据其器型、釉面等特征，断其为清道光时期的民窑制品。

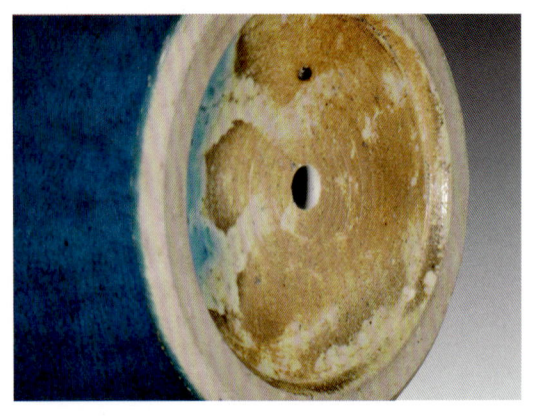

作者寄语：叫卖中的宝物，有垃圾有奇葩，不都是一朵花，有真也有假。放开思路，把眼睛大，耐心中求精奇，野意间搅典雅。

道光洒蓝描金粉彩开光人物花盆

洒蓝创烧于明早期,盛行于清康熙时期,现今存世的多是清代烧制的。洒蓝与祭蓝的区别在于其上釉方法不同:洒蓝釉是吹上去的,有蓝白点呈现;而祭蓝是涂釉、蘸釉与轮釉,呈一种蓝色。

此花盆端庄大方、色彩沉稳,其底足与底足内可见胎质硬朗细密,且是清中期的老胎,老气十足。

故此洒蓝描金粉彩开光人物花盆应是清中期道光年间的民窑制品。

道光冬青堆白长颈荸荠扁瓶

　　豆青、冬青和粉青都是景德镇窑仿龙泉窑青瓷的产物。此类瓶器型秀美，是清代瓷器中的高雅器型之一。这种器型创烧于清康熙时期，雍正官窑多有烧造。其因草本水生植物荸荠而得名。此瓶采用堆白，因而档次更高。

　　故此冬青堆白长颈荸荠扁瓶应是清道光时期的民窑制品。

作者寄语：脚踏收藏路，出手需有度。收藏连你我，风采共沉浮。

道光珊瑚红地金彩调色格盘

调色格盘这一器型在晚清瓷器中较为常见。

此盘的纹饰是金彩,是一种金的树脂盐溶液,含金量很少,既非纯金也非描金。珊瑚红是铁红,是低温釉上彩。其款识"大清乾隆年制"应为寄托款。

其器型古朴典雅,应是清道光时期的民窑制品。

道光青花三星人双耳盘口瓶

"福禄寿"三星人是清代瓷器多有的纹饰，其来源于中国远古先人对星辰的自然崇拜，它们的原型均为星宿。"三星高照"是常用的祝福语，清代瓷器用绘画和雕塑的形式来表现三星人。

瓶上的三星人不仅人物硕大、顶天立地，而且绘画细腻、笔法流畅。此瓶肩部冰梅纹的冰裂用留白来表现，青花发色泛灰，色彩柔和，不俗不燥。

故此青花三星人双耳盘口瓶应是清道光时期的民窑细路制瓷。

作者寄语： 昼有思，夜有梦，收藏路上攀高峰，瞄准一门全力攻，练好眼力有灵动，真假面貌不犯蒙。但别忘了，往往故事后面有陷阱！

道光青花太极八卦图砂口罐

此青花罐主纹饰为太极八卦纹，八卦用两种笔道画成。足上方有变形大莲瓣，口沿部有如意形边饰。图饰布局简捷，线条苍劲有力，笔略而神全，墨少而意多。青花用料为浙青，色泽亮丽青翠。

罐体表面包浆自然，器物温润有陈旧感，可断其为清道光时期的民窑制品。

道光青花山水人物天球瓶

天球瓶创烧于明早期，亦称千秋瓶，寓意千秋万代。清代各朝都有天球瓶，但各朝的形状有所不同。

这件天球瓶的形状符合清中期的器型特点。乾隆时期的球体略偏圆，而此件球体略高一些，是清中期多有的。青花发色微微泛灰，应是清道光时期的民窑制品。

作者寄语：人生有精彩，也会有失败，但只要脚踏实地、勤奋执着，就能迎来花开不败。

道光青花龙纹折腰碗（官）

此碗器型周正，纹饰绘画细腻，所绘为明代的猪嘴龙，龙爪画成了明代龙的风车爪，这在清代官窑器里较为常见。龙的气势凶猛，有一飞冲天的感觉。青花发色深沉亮丽，有官窑器的质感。"大清道光年制"篆书款书写周正。

故此青花龙纹折腰碗应是清道光时期的官窑制品。

道光青花八仙人物纹碗（官）

八仙都是凡人得道成仙，所以其个性非常接近百姓。明清瓷绘中还有"暗八仙"之说，即只画八仙人手中的宝物而不画八仙本人。

此碗青花发色沉稳亮丽，八仙人物绘画生动，釉面莹润如玉，胎质硬朗细密，"大清道光年制"款周正到位。青花用料是上等浙青，圈足是圆润的泥鳅背。且其釉面彩面及露胎处都是老气十足。

故此青花八仙人物纹碗应是清道光时期的官窑碗。

作者寄语： 山以青为贵，人以和为贵，友以挚为贵，情以深为贵，藏品以真为贵。

道光窑变釉贯耳方瓶（官）

　　窑变釉也叫仿钧瓷，创烧于清雍正时期。其为高温单色釉，是红釉的一种，有"入窑一色，出窑万彩"的美誉。从雍正到光绪时期，不同朝代器物窑变的斑纹不同，雍乾时期是丝条状或点状斑纹，清中期至光绪时期，多片状或斑块状的斑纹，可以此断代。

　　这件方瓶是片状斑纹，又有"大清道光年制"款。从其光泽、胎质，尤其是其釉面有坑（凿坑是清中期的器物特征），可断其为清道光本朝的官窑器。

道光哥釉粉彩人物双耳瓶（一对）

此对双耳瓶圆形盘口（说洗口更准确些），器型秀美。又有堆雕梅花耳，肩部与足上方有铁泥花装饰，里外釉面布满了大开片纹。另其人物绘画细腻精准，色彩艳丽，有"顺治年制"寄托款。

器物整体有古旧感，应是清道光时期的民窑制品。

作者寄语：花含仙气不一般，花枝落叶随风散，古人寄情山水有内涵。

六、清中期

165

道光粉彩洞石花卉六方盘

  此盘从器型上看属于外销器型，盘中的花朵、洞石等图案绘画精细，有清中期的绘画特点。盘底露胎处可见其火石红明显，盘的彩面釉光老气很足，可断此盘是清中期道光时期的民窑外销制品。

作者寄语： 摆在前面的是展望，留在后面的是回忆。好钢用在刀刃，聪明用在正处。

道光粉彩暗八仙皮球花天球瓶

"暗八仙"指只画八仙手中的宝物而不画八仙人，如铁拐李的葫芦、蓝采和的花篮等。皮球花亦叫绣球花、团花，始创于清雍正时期，三三两两花朵聚在一起画成圆形，疏密有致。天球瓶是明清瓷器中的高雅器型，也叫千秋瓶，寓意千秋万代。

这件天球瓶古旧感强烈，应是清道光时期的民窑制品。

道光祭红釉赏瓶

祭红也称霁红,创烧于元代的景德镇窑,明清各朝都有生产。祭红釉瓷是景德镇名瓷之一,除此之外还有窑变釉、郎窑红和豇豆红,这些都是高温单色釉。现今市场上见到的多是清代的祭红釉瓷,明代的极少。

这件赏瓶是红色高温单色釉,其红色釉面、口沿处的黄色和足胎都有清中期的器物特征,底部为"大明宣德年制"寄托款。

故此祭红釉赏瓶应是清中期道光时期的民窑制品。

作者寄语:收藏不仅要练眼力,还要视假为仇、视骗为敌。别着急,路走得正,收藏中定能寻典雅、揽珍奇。

七 清晚期

咸丰·同治·光绪·宣统

清晚期琉璃釉方形炉

琉璃釉制品是一种以铅为助溶剂，以铁、锰、钴为着色剂的铅釉陶器，一般是二次烧成（先烧好素胎，再施玻璃釉经低温烧成）。琉璃釉制品最早出现于战国时期，流行于隋、唐、宋、辽，明清时更为普遍。从明代开始，除建筑用材外，还做立雕的佛、菩萨、罗汉及供器等。琉璃釉制品烧造起始于山西，盛行于山西，并流传到山东、河南、北京等地。北京烧制琉璃釉制品始于元代，是山西一户赵姓人家迁来北京，初在海王村（琉璃厂），后迁去门头沟琉璃村烧制琉璃釉制品。

这件方形炉是件老的琉璃釉器物，釉面哈利光十分明显，使用痕迹牛毛纹自然清晰，其胎质是琉璃的陶胎，器型符合晚清时期的器物特征，因此应为清代制品。

清晚期广彩开光人物花鸟纹包袱瓶

广彩是粉彩瓷的一种，彩料里掺有玻璃白粉料。其是由景德镇烧制素胎白瓷或青花瓷，运到广州进行釉上彩绘后，二次入窑低温700~800℃烧成，并出口欧洲。广彩的突出特点是多用藕荷色，人物与花鸟纹饰多出现在同一器物上。其有带青花和不带青花之分，前者更显高档。

此类瓶的器型口沿与瓶体都有褶纹，似古人肩背的包袱，因而被称为"包袱瓶"。此瓶器型硕大，老气十足，应是清晚期制品。

作者寄语：光阴似箭催人老，黄昏余热要用好，担当责任要想到。

清晚期雕瓷海水龙纹印泥盒

宋代五大名窑时期，瓷器生产虽有刻、划、印纹饰，但不重视雕琢。明代与清中早期，瓷器又以绘画为主流装饰技法。直到清晚期，瓷雕才受到重视，并诞生了三位瓷雕大师——陈国治、李裕元、王炳荣。

这件雕瓷海水龙纹印泥盒雕工细腻，古旧感强烈，"大清乾隆年制"款应为寄托款。此器应是清晚期的作品。

清晚期粉彩万字锦地开光鸡纹花卉赏瓶

万字锦又称万字拐、万字曲水，是中国传统文化中有吉祥寓意的几何图案。

此瓶主纹饰中有鸡纹和鸡冠花，寓意"官上加官"，而且画的多是公鸡，预示仕途上取得"功名"。细赏此瓶，能看到古人寄情绘画、潜心丹青、默默耕耘之情怀。

器物整体古意盎然，老气十足，故应是清晚期民窑细路制品。

作者寄语：月缺月圆都是景，真假都是戏。收藏的景有奇，收藏的戏有密。一定把握好时机，练好眼力，战天斗地。

清晚期广彩豆青锦地人物双耳盘口瓶

广彩是外销瓷,创烧于清雍正时期。其器型品种繁多,多是按照欧洲人喜欢的风格、纹饰、色彩生产,也有来样定制的。

此瓶布局繁满,人物众多,且多有藕荷色和描金。从胎质、器型、色彩及器物的光泽来看,此物应是清晚期的民窑制品。

清晚期郎窑红观音瓶

郎窑红是红釉的一种，是清康熙时期由江西巡抚兼景德镇御窑厂督陶官郎廷极（1663—1715）创烧的，是专供朝廷使用的瓷器。郎窑红瓷器有单层釉与双层釉之分。单层釉的口沿有黄白地露出，其原因不只是红釉向下流淌，还由于温度过高，红色的氧化铜飞掉了。双层釉的就无此现象。郎窑红釉有开片，而祭红没有。

这件郎窑红观音瓶是单层釉的，但根据其胎、釉、器型来看，此瓶不是康熙时期的，而是晚清制品。

作者寄语： 一件古瓷能让我们体会到岁月的淘洗，古人的传承，藏界的吸纳，市场的认知。

咸丰五彩杂宝花卉纹大案缸

此类案缸在清早、中、晚期均可见，且器型有大、中、小号。

这件案缸属于中号偏大的一种，其纹饰为杂宝花卉，绘画细腻，布局繁而不复，多而不乱，有整体布局的美。口沿下方的边饰是康熙时期与清晚期多用的锦菱纹，构图清新，色彩淡雅艳丽。从器底可见其胎质的老化程度，有较厚重的包浆，即火石红。釉面彩面有古旧感。

故此五彩杂宝花卉纹大案缸应是清晚期咸丰时期的民窑制品。

咸丰粉彩花卉大水仙盆

这件水仙盆器型硕大，约有40厘米长，较为罕见。此器纹饰绘画用笔流畅，布局简约得体。从底面的包浆可见其老化程度，釉面亮青，色彩运用接近清中期的器物。

故此粉彩花卉大水仙盆应是清晚期咸丰时期的民窑制品。

作者寄语： 刚正在形，柔润在变。收藏有形也有变，山水别搁浅。朋友们：在追求中练就，在拼搏中向前！

同治粉彩锦地开光人物壮罐

壮罐是明清瓷器中较为常见的器型，瓷器品种多样且官、民窑都有生产。

从器型来看，此罐为平顶钮，应属清中晚期（雍乾时期盖上的钮多是宝珠钮）。葫芦形开光里的人物绘画精细，底足可见胎质是清末的老胎，器物整体彩面有古旧感。底款"大清雍正年制"篆书款是寄托款。

故此粉彩锦地开光人物壮罐应是清同治时期的民窑制品。

同治矾红蝠纹盘（官）

此盘器型周正，蝠纹绘画十分细腻，蝠纹绘满盘的里外墙，色彩淡雅艳丽。另此盘胎质白泽细硬，六字楷书青花款"大清同治年制"是较为标准的同治官窑款，且有海外回流文字标识。

故此矾红蝠纹盘应是清同治时期的官窑制品。

作者寄语： 路当纸，地当册；行当笔，心当墨。有心人收藏才能成功，付出才能有好收获。

同治粉彩人物故事线条粥罐

粥罐是明末至清代较为常见的器型，但在不同时期形状各异。

这件粥罐有四系，整体似鼓形，上下有鼓钉，符合晚清至民国时期的器型特征。此罐薄粉彩，人物绘画细腻，人物眼睛之画法有清同光时期的绘画特征。另则，罐体和盖上均有线条状瓜棱，器物的斑驳和老旧是自然形成的，圈足有使用磨损痕和古旧斑痕。

故此粉彩人物故事线条粥罐应是清同治时期的民窑细路制品。

同治粉彩百子图观音瓶

百子图是明清瓷器上多见的纹饰，众多的婴戏称百子。"百"是形容众多，并非特指100。百子图从来不会画上100个孩童，最多画99个，因为古人认为阳数中九为最大。

从此件观音瓶的纹饰中，我们可见民俗雅趣融为一体的美。清代装饰的孩童活泼可爱，姿态各异，绘画用笔自然流畅，从中可见清光绪时期的人物开脸特征。绿里粉彩瓷创烧于清乾隆时期，以后各朝都有生产。器物整体釉面、彩面古旧，胎是清代的老胎。

故此粉彩百子图观音瓶应是清光绪时期的民窑制品。

作者寄语：木头不钻不透，沙锅不打不漏，搞收藏就是要打破沙锅问到底，了解真相。

同治粉彩人物观音瓶

　　此观音瓶线条流畅，器型秀美，色彩艳丽，有富贵华丽感。从器型来看，此器应属清晚期同治、光绪时期。其圈足呈尖状，有老旧的包浆。器面的釉光粉白而温润，有古旧感。人物绘画细腻，人物眼睛"有眼无珠"，有同光时期的绘画特征。

　　故此粉彩人物观音瓶应是清同治时期的民窑细路制品。

同治粉彩郭子仪祝寿图双耳大瓶

郭子仪是唐代著名的政治家和军事家，《郭子仪祝寿图》所绘为郭子仪夫妻双 70 岁寿辰，其七子八婿前来祝寿的场景。

此瓶人物及景物绘画细腻雅致，瓶口到足上方的器面共九层纹饰，外加左右双狮耳，将线条流畅的器型装点得富贵华丽、引人入胜。其双狮耳、七层边饰和色彩运用符合清晚期的器物特征。另其底足与釉面彩面古旧感浓厚。

故此粉彩郭子仪祝寿图双耳大瓶应是清同治时期的民窑制品。

作者寄语：为啥愁为啥忧，发愤忘食，乐以忘忧。收藏高歌一曲，烦恼忧愁丢脑后。

同治粉彩孔雀梅花纹笔筒

孔雀步履稳健，被人们称作"文禽"，寓意长寿。梅花是早春先叶开花，最早预示春天的到来，有着"腊梅傲霜驱冬寒、山花红紫绿一片"的美好寓意。

此笔筒布局简洁、柔美适度，圈足可见胎质是清代的老胎，有泛黄的火石红，又有印章寄托款。

因而该粉彩孔雀梅花纹笔筒应是清同治时期的民窑细路制品。

同治粉彩官上加官天球瓶

天球瓶也叫千秋瓶，寓意千秋万代。其造型是仿中亚地区黄铜瓶，创烧于明永乐年间，宣德以后不见有，清雍正以后清代各朝都有烧制。其尺寸大小不一，最小的仅有10厘米，最大的有70厘米高。

此瓶的主纹饰是公鸡鸣叫，寓意"功名"；而纹饰中又有鸡冠花，寓意"官上加官"。器底有"大清乾隆年制"六字篆书款，应为寄托款。

据其胎质老气、老旧光泽和薄粉彩的特征，可断其为清同治年间的民窑制品。

作者寄语：有灯不怕夜，遇事多商量。敢问路在何方，天圆地方，路在中央。走正路，会有人指点方向。

光绪粉彩人物四方帽筒

帽筒创烧于清嘉庆时期，以圆型为主，虽有四方、六方型，但数量极少。

此件帽筒不仅为四方型，四个角还是倭角，因而更具特色。其人物绘画细腻，用笔疏朗活放，色彩绵软柔润，人物景物布局得体。底面上的四方圈足可见清光绪时期的老胎及红色方章款。

帽筒整体老气十足，应是清光绪时期的民窑制品。

光绪粉彩麒麟送子茶壶

此件茶壶为桃形钮,因而在时代上应属清晚期。其纹饰为麒麟送子,东汉王充《论衡》一书中有此神话故事的相关记载。茶壶色彩艳丽,有清晚期的彩料特点。

故此粉彩麒麟送子茶壶应是清光绪时期的民窑制品。

作者寄语:藏海中,有险难,有暗流,练好眼力就不愁。藏友间多交流,多看、多上手,力辨真伪论善丑,该出手时再出手。

光绪墨彩文字"百字铭"高足杯

"百字铭"在书画、瓷器上较为常见,但将"百字铭"全文写在瓷器上最早出现在清康熙时期。

杯上所书"欲寡精神爽,思多血气衰,少饮不乱性,忍气免伤财……",落款是"甲申夏野山余勤作"。野山余勒是清末著名的制瓷家,擅长书法与印章雕刻。杯的足胎老气十足,且有"安记珍品"款(有资料载光绪时期有"安记珍品、清华珍品、永安珍品"等)。

故此件高足杯应是清光绪时期的民窑制品。

 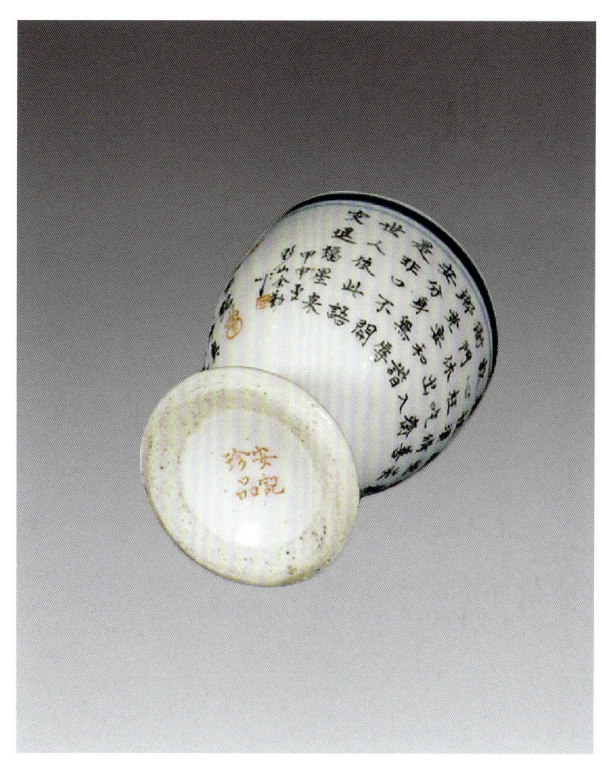

光绪素三彩海马纹观音瓶

  素三彩创烧于明宣德时期,这件观音瓶应是低温釉上彩。此瓶造型秀美雅致,视觉上给人以美的直感。器型线条流畅,色彩苍古温润,波涛海马绘及瓶体全身,淳厚中透出秀雅,又蕴含古意。且其圈足圆润,胎面有老相。

  故此件素三彩海马纹观音瓶应是清光绪时期的民窑细路制品。

作者寄语: 收藏让快乐如春风,飞到你面前,让幸福如春雨,洒在你心间,让健康如春水,滋润你心田。

光绪墨地素三彩龙纹天球瓶

墨地素三彩创烧于清康熙时期,是清代瓷器中较为高档的瓷器品种,现今流传于世的多为康熙、晚清或民国时期的。天球瓶也是瓷器中较为高档的器型,深受欧洲人的喜爱,古往今来我国多有出口。

这件墨地素三彩龙纹天球瓶,看其胎质应属晚清光绪时期的民窑制品。

光绪蓝地粉彩花卉粥罐形温酒器

温酒器是清中、晚期常见的实用器具。

这件温酒器呈鼓形，上下沿还有突出的鼓钉，整体看来就是一件晚清的粥罐形状。罐体外表蓝地有堆填白色的花卉纹饰，淡雅柔丽，舒朗活放，端庄秀美。其款识为"大清乾隆年制"寄托款，且是晚清多有红色印章款。

故此件蓝地粉彩花卉粥罐形温酒器应是清光绪时期的民窑细路制品。

作者寄语： 藏友间的情谊是日积月累的：一段岁月，天长地久；一群朋友，知心牵手。一条短信，送来问候；一句祝福，伴你左右。

光绪窑变釉贯耳方瓶（官）

窑变釉也叫"仿钧瓷"，创烧于清雍正时期，以雍乾时期的作品为最佳。窑变釉瓷是红釉瓷的一种，为高温单色釉瓷，但单一而不单调，其上有不同颜色的丝条状或片块状的斑纹。窑变釉瓷有官窑和民窑，并以后者居多。

这件贯耳瓶是件残官，虽是残官，但气质不凡，如人一般面带官相。此瓶老气十足，应是清光绪本朝的官窑制品。

光绪青花缠枝莲纹赏瓶

　　赏瓶创烧于清雍正时期，其用途是皇帝赏赐给有功的文臣武将的奖品。其器型来源于玉壶春瓶，多在青花瓷上画缠枝莲，既是青花又是莲花，寓意"清正廉洁"，也预示民众希望时政"清廉"的意愿。此类器型从雍正到宣统都有生产，有官窑也有民窑。

　　此件青花赏瓶的青花色泽是浙青料发色，釉面微微泛青，胎质较清早、中期的都显疏松，但牛毛纹自然，陈旧感明显，古旧感强烈。

　　故此青花赏瓶应是清光绪时期的制品。

作者寄语：心随梦动，梦随心有，友情如一坛老酒，默默付出而无求。

光绪青花八仙人物纹碗（官）

"八仙"是道教中的八位神仙，皆为凡人修道成仙，因而其个性与风格都与普通民众接近。八仙人物在瓷器上出现始于元青花，"八仙祝寿"也是明清瓷器上多有的纹饰。

此碗的款识"大清光绪年制"楷书款是标准的光绪官窑款，大气有力度。碗的胎质硬朗细密，泥鳅背十分规整。

故此青花八仙人物纹碗应是清光绪时期的官窑制品。

光绪墨地素三彩云龙纹将军罐

墨地素三彩是低温釉上彩,创烧于清康熙时期。其彩料里没有玻璃白,与五彩彩料相同。现今存世的墨地素三彩多为清光绪时期的,也有少量清康熙时期的。

这件将军罐从器型和胎质上看,具有清光绪时期的器物特征。其龙纹绘画精细,色彩苍古温润、不俗不燥,有自然流畅的浓抹淡描。器物整体包浆灿然,古旧感强烈,是一件老的器物。

故此墨地素三彩云龙纹将军罐应是清光绪时期的民窑制品。

作者寄语: 世上悲欢多无常,捡漏打眼皆文章,捡漏莫疯狂,打眼少悲伤。

光绪五彩人物卷缸

从器型、绘画风格与技法、锦带祥云和色彩运用等方面来看，此卷缸有清康熙时期的器物特征。但仔细看其圈足，胎质疏松，与康熙时期的相差甚远。

故笔者认为，此五彩人物卷缸应是光绪时期仿康熙时期的器物，质地很好，有一定的品位和收藏价值。

光绪松石绿地一路连科纹大笔洗

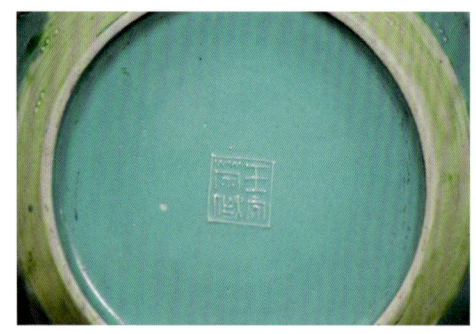

瓷器上的雕塑一般分为捏雕、堆雕、镂空雕、圆雕四种,其中堆雕有浅浮雕的效果。

这件笔洗就是堆雕即浅浮雕,堆雕加彩,以立件雕塑展示物像的风韵神态。笔洗上刻有"王炳荣作"款识,十分规整。王炳荣是清中晚期瓷器雕塑名家,风格细丽柔和。但这件大笔洗并非王炳荣本人的作品,而是画工(雕工)按王炳荣图稿的作品所作。

笔洗整体有老旧感、熟旧感,古旧沧桑,是件老器物,应是清光绪时期的民窑制品。

作者寄语:收藏先别追求奇迹,而是追求实际,免得把牛角当犀角,把兽骨当象牙。

光绪粉彩二龙戏珠纹盘

此盘有"大清雍正年制"款,龙纹又是五爪龙,有一定的官窑风格。但分析其龙纹画法,雍正时期器物的龙纹凶猛,有一飞冲天的感觉;而此盘的龙纹更似光绪时期衰老的龙纹样式。再者,其圈足做工不规整,不是官窑的泥鳅背圈足。

故此粉彩二龙戏珠纹盘应是清光绪时期的民窑制品。

光绪浅绛彩双耳盘口瓶

浅绛彩的名称是借用国画的"浅绛"一词,"绛"——赭红色,前边再加一个浅,即淡淡的赭红色,即为浅绛。浅绛彩绘画多以墨彩为主色调,再涂以淡淡的赭红、淡蓝和浅绿,因而色彩淡雅。浅绛彩只在清咸丰时期到民国早期近八十年间有生产,因而传世品较少。

此瓶器型完整,又不脱彩,造型线条流畅,色彩淡雅柔丽,瓶的胎质是清晚期的老胎。绘画作者为周友松,是清光绪时期的浅绛彩绘画名家。

故此浅绛彩双耳盘口瓶应是清光绪时期的民窑细路制品。

作者寄语:收藏贵在珍奇少,但大众收藏更重要!千万个萤火虫,就能点亮一片天。

光绪广彩花卉纹茶叶罐

广彩是出口瓷,创烧于清雍正时期,其制作过程是由景德镇烧制好白瓷或青花瓷,运到广州进行釉上彩绘后,二次低温(700~800℃)烧成,其后在广州出口。广彩多盘碗等生活实用器,也有少量的立件瓶罐。

这件广彩瓷有西化的气韵和欧洲的风格,还有欧洲某家族特点的徽章款。从胎质和光泽来看,广彩花卉纹茶叶罐是件老的器物,应是清光绪时期的外销瓷。

光绪天青釉双铺首耳大瓶

天青釉创烧于清康熙时期，是晚清瓷器中不多见的高档瓷器品种。

此瓶器型硕大，金彩没有脱彩，底足是老胎，但有些疏松。观其釉面、胎面，都有古旧感、陈旧感，是一件老的器物。

故此天青釉双铺首耳大瓶应是清光绪时期的民窑制品。

作者寄语：收藏要用眼去发现，用耳去聆听，用心去感悟，用爱去收藏。

光绪冰梅纹盖罐

冰梅纹是青花瓷中蓝地白花的一种,创烧于清康熙时期,之后在清中晚期均有生产。但在不同时期,冰梅纹的画法并不一样,如冰裂纹在清早期用深蓝线条表现,清中期用留白表现,而清晚期用色差表现。

这件盖罐冰梅纹中的冰裂是用色差表现的,因而在时代上应属清晚期。

现今市面上,这种冰梅罐仿品很多,藏友需谨慎,可从器物的胎质和器表光泽等方面加以辨别。

光绪青花花鸟筒觚

此件筒觚青花淡雅，器型给人以漂浮感，没有清早期的沉稳，在时代上应属于清晚期。器物底足的内釉面上有自然形成的大小棕眼，釉面彩面有古旧韵味。

因而此青花花鸟筒觚应是清光绪时期的民窑制品。

作者寄语： 能变的是潮流，不变的是传承。古玩是历史的传承，今天我们运作的是民族历史的传承。

光绪青花折枝花卉纹碗（官）

此碗造型古朴浑厚，绘画纹饰纤细工巧，青花发色清秀典雅，花卉绘画精细纵柔，构图疏朗简洁。四支折枝花卉均分碗外墙的四面，外墙碗沿单线巧绘的边饰简练而易看。碗底"大清光绪年制"楷书款有官窑款的气势，圈足的泥鳅背规整而平滑。

故此青花折枝花卉纹碗应是清光绪时期的官窑制品。

光绪浅绛彩花鸟纹六方花盆

浅绛彩绘画多以墨彩为主色调，再涂以淡淡的赭红、淡蓝和浅绿，因而色彩淡雅。浅绛彩只在清咸丰时期到民国早期近80年间有生产，因而传世品较少。

花盆的亮青釉有清晚期常见的波浪釉面，底足露胎处又见清晚期的胎质。盆上有干支纪年款"丁亥"，应是光绪十三年（1887）。

故此浅绛彩花鸟纹六方花盆应是清光绪时期的民窑制品。

作者寄语：收藏人多求家庭和睦、邻里愉快、朋友倾心，该是别人帮了我不忘，我帮了别人不记。

光绪粉彩无双谱人物杯

无双谱人物在瓷器上出现始于清康熙时期,其为清顺治时期金古良所著《无双谱》一书收录的从汉代至宋代的40位名人,后人将这些名人绘制成画。

此杯的人物绘画是浙派板画的力作,杯上人物可见其板画风格,且杯子有古旧感和陈旧感,是件老的器物。

故此粉彩无双谱人物杯应是清光绪时期的民窑制品。

光绪祭蓝琮式双耳瓶（官）

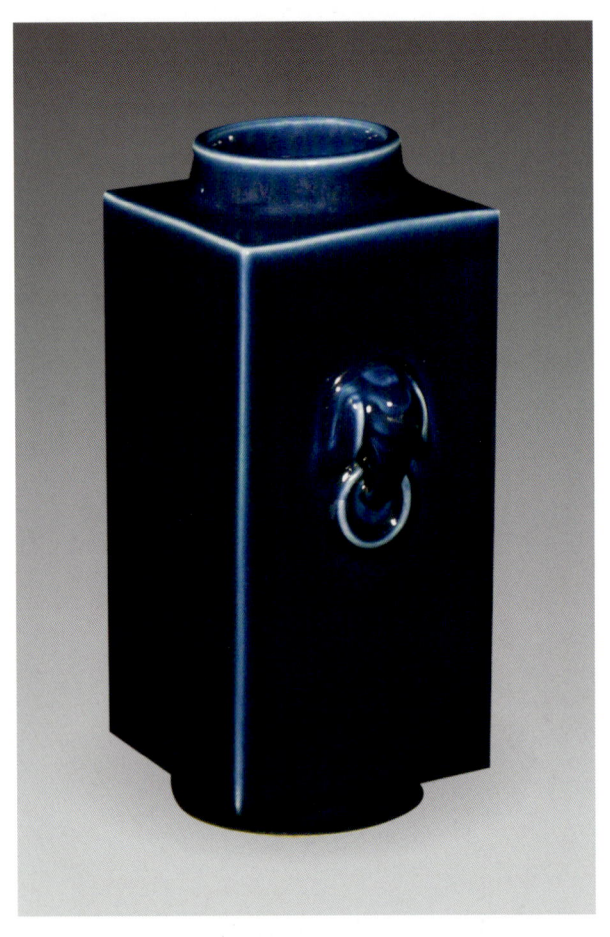

琮式瓶是仿照新石器时代良渚文化的玉琮制成的。瓷质琮式瓶最早见于宋代，南宋的龙泉窑和官窑是最早烧制琮式瓶的窑口。

此瓶胎质坚硬细密，釉面莹润如玉，且有牛毛纹、哈利光，其"大清光绪年制"款识周正，且为官款。瓶的四壁为平面，工艺相对复杂些。

故此件祭蓝琮式双耳瓶应是清光绪本朝的官窑制品。

作者寄语：收藏贵在珍奇少，觅得孤品更为高，但大众收藏更重要，要在大众收藏中淘得珍奇少。

光绪茄皮紫釉贯耳方瓶

茄皮釉创烧于明弘治时期，多为低温单色釉，且官窑民窑都有生产。

这件茄皮紫贯耳方瓶是低温的单色釉瓷，釉很薄，款是寄托款。

从其胎质和釉面来看，应是清光绪时期的民窑制品。

光绪锦地开光五彩凤凰花卉纹棒槌瓶

这件五彩棒槌瓶是光绪时期仿康熙时期的制品,但在器型、色彩和纹饰方面都仿得很到位。牡丹是康熙时期的双犄牡丹,空中有太阳高悬,并有多层边饰。肩部的双格锦也是康熙时期器物多有的。但此瓶绿色深黑,而非康熙时绿中透黄,胎质疏松,缺少康熙时期器物的古旧感。

故此锦地开光五彩凤凰花卉纹棒槌瓶应是清光绪时期的民窑细路制品。

作者寄语:人生只有三天——昨天、今天和明天,生活只有两天——黑天和白天。青天浩瀚不见底,古来万事东流水。让我们珍惜每一天,过好每一天。

光绪青花人物故事笔洗

此笔洗所绘纹饰为历史名片"姜子牙垂钓",其上还有名句"渭水投竿日,岐山入梦晨"。纹饰中的人物、松树和水面画得很精细,人物坐下的石头地面是用斧劈皴绘出。无论胎质还是釉面,此笔洗都有老旧痕迹和古旧韵味。

故此青花人物故事笔洗应是清光绪时期的民窑制品。

光绪墨地素三彩花鸟方棒槌瓶

素三彩是釉上低温彩瓷,创烧于明宣德时期,而墨地素三彩创烧于清康熙时期。

这件棒槌瓶画的是康熙时期多有的香梅雀鸟,而且是康熙时期多有的树叶款。但从其胎质和绿彩上看,其古旧感远未达到康熙时期。

故此墨地素三彩花鸟方棒槌瓶应是光绪时期仿康熙时期的制品。

作者寄语:高薪不如高寿,高寿还要高兴,玩收藏能让你高寿还高兴。是的,健康不是一切,但没了健康就没了一切。

光绪矾红花卉寿字纹带盖格盒

此盒是一件带盖的调色盒，其盖的用途是防止色料里的汁液挥发。其纹饰是宝相花、蝙蝠和寿字，寓意"福、禄、寿"。盒的釉面、彩面和圈足上的包浆丰满，足上的包浆尤为厚重。

虽有同治年制的印章款，但应是清光绪时期的器物。

光绪浅绛彩人物双耳四方瓶（一对）

浅绛彩绘画多以墨彩为主色调，再涂以淡淡的赭红、淡蓝和浅绿，因而色彩淡雅。浅绛彩只在清咸丰时期到民国早期近80年间有生产，因而传世品较少。

此对四方瓶纹饰清秀、色泽淡雅、文气十足，一面画人物，一面画山水，二面是诗句，高雅有档次。

故此对浅绛彩人物双耳四方瓶应是清光绪时期的作品。

作者寄语：平时工作压力大，玩收藏也可减压！

光绪粉彩花鸟纹饮茶盖碗

茶碗是晚清文人雅士饮茶的用具，该是至少二件套一组或四件套一组，这里只是一件套。"映莲軒品"瓷是江西的一款名瓷，从康熙时期就有生产，清中晚期至民国时期都有生产。此茶碗即为江西映莲轩所制。

茶碗绘画精美，质地精细，花鸟逼真传神，应是清光绪时期的器物。

光绪矾红三多纹碗

三多纹中有佛手、桃、石榴等中国传统吉祥图案，寓意"福、寿、多子多孙"。

此碗器形扁圆周正，纹饰红火，特别是其圈足包浆自然明显。其款是"大清雍正年制"寄托款，因是印章款，故非雍正本朝的。

据此，断矾红三多纹碗为清光绪时期的民窑制品。

作者寄语：我和藏友瓷为媒，天南地北梦相随。今天书中又牵手，一起赏识书中宝。

光绪粉彩龙纹笔筒

此笔筒为粉彩龙纹,色彩淡雅,用笔流畅。其龙纹有光绪时期的苍老劲和绘画特点。从圈足的胎质看,笔筒是清光绪时期的老胎。底款是"大清顺治年制"图章款,图章款已是光绪、民国时期才有的,因而应是寄托款。

笔筒有古旧感,是件老器物,断其为清光绪时期的民窑细路制品。

光绪粉彩花鸟纹面盆

面盆是家庭生活的实用器,器型有大有小,大的用于洗脸,小的用于净手。

此种形状的面盆应是清中、晚期的器型,多数在盆的口沿处写有文字干支纪年款。纹饰中的花鸟绘画精细,纹饰布局得体,且釉面彩面及露胎处古旧感强烈。

故此粉彩花鸟纹面盆应是清光绪时期的民窑制品。

作者寄语: 脚踏收藏路,出手需有度,淘宝有如逆势而行,涉寒暑。别忘了,大众收藏是基础。

光绪窑变釉贯耳方瓶（官）

窑变釉创烧于清雍正时期，以后各朝都有烧造，但窑变的色泽与纹饰不同。雍乾时期的以线条状纹饰为主，且有蓝色斑纹；中晚期的已是块状、片状斑纹，且斑纹多黑色间有黄白色。

此瓶底面圈足老气十足，且款识"大清光绪年制"是标准的官窑款。红色亮丽，肚上的杏圆突出明显而且规整。黑色斑块纹落落大方地坐落在四个边角上，非常符合光绪时期窑变釉贯耳瓶的色泽布局特点。

故此瓶应是清光绪本朝的官窑器，且是同类器中的上等品。

光绪浅绛彩人物双耳瓶

此瓶二面图绘，一面人物，一面花鸟，绘画十分精细，花鸟逼真传神，人物也有明显的时代特征。瓶上有落款"俞子明"，其为晚清至民国时期的瓷绘大师，他的瓷绘常有底款"砚溪草堂"。这件浅绛彩人物双耳瓶正是俞子明的瓷绘。同时，瓶身又有干支纪年"丁未"，应是光绪三十三年（1907）。

器物已传世110余年了，仍然保存完好，故弥足珍贵。

作者寄语： 雨过地皮湿，有心人得志，兴趣执着在，收藏不例外。

光绪浅绛彩山水人物故事壶

浅绛彩绘画多以墨彩为主色调,再涂以淡淡的赭红、淡蓝和浅绿,因而色彩淡雅。浅绛彩只在清咸丰时期到民国早期近 80 年间有生产,因而传世品较少。

此件浅绛彩壶描绘的是"携琴访友高士图",一老者拄杖,随童携琴,二者前行。树木与草屋绘画精细,以墨彩绘画再涂以强烈的褚红色,细腻典雅,给人以直观的美感。

故此浅绛彩山水人物故事壶应是清光绪时期的民窑制品。

光绪矾红蝠纹盘（官）

蝙蝠纹是汉族民间传统的瓷器祝福装饰纹样。"蝠"音同"福"，红色蝙蝠寓意"洪福齐天"，一只蝙蝠飞在眼前有"福在眼前"之寓意。早在唐朝，人们就把蝙蝠与福联系在一起，于是就有"帘断萤火入，窗明蝙蝠飞"的诗句，但出现在瓷器上始于明清时期。

此件矾红蝙蝠盘，运用两层蝠纹绘画，外层疏，里层密，有疏有密，有动有静，错落有致，有整体顾盼协调的美。矾红的色彩有深有浅，经过皴擦点染，让蝙蝠呈现立体动感效果。款识周正，是标准的官款。

器物绘画精细，应是清光绪本朝官窑器。

作者寄语：让我们把古人的风采留笔端，把古人留下的宝物代代传。

光绪浅绛彩人物诗文茶壶

浅绛彩绘画多以墨彩为主色调，再涂以淡淡的赭红、淡蓝和浅绿，因而色彩淡雅。浅绛彩只在清咸丰时期到民国早期近 80 年间有生产，因而传世品较少。

此茶壶盖上的钮已是六脚蜘蛛，因而从器型上看其属晚清至民国时期。文字中有干支纪年"丙申"，是光绪二十二年（1896）。看其胎是晚清的胎，且釉面有古旧感。

故此浅绛彩人物诗文茶壶应是清光绪时期的民窑制品。

光绪青花缠枝莲纹盘（官）

此盘的用途是作为宫廷里的实用餐具。其生产数量大，因而传世品也多。

此盘绘画精细，青花发色沉稳亮丽，选用上等浙青料绘制。其圈足胎质细腻硬朗，状似泥鳅背，釉面平整，"大清光绪年制"青花款书写端正。

故此青花缠枝莲纹盘应是清光绪本朝的官窑制品。

作者寄语： 前轮看方向，后轮给力量，在收藏的路上不迷航玩好玩棒，做好收藏这块大文章。

光绪轧道粉彩花卉碗

轧道粉彩创烧于清乾隆时期,嘉庆道光时期多有烧造,但以黄地的盘碗瓶罐为主。轧道纹的制作方法是:在器物上好釉还没入窑烧制以前,用手工刻画纹道。这种工艺制品有官窑和民窑,且官窑制品与民窑细路制品的轧道纹很细密。

此碗的轧道是粗路份的制品,从其釉光和胎质可断其为清光绪时期的民窑制品。

光绪粉彩九桃碗

清代瓷绘中常有桃子和蝙蝠同绘在一个器物上，寓意"福寿"双全，若加上鹿纹，即寓意"福禄寿"。瓷绘上画桃子，在清代有"雍八乾九"之说，即雍正时期的瓷器常绘八个桃子，乾隆时期为九个。后朝多是仿乾隆器物画九个桃子，此碗即是如此。

碗的口沿和足上方的边饰是二方连续的回纹和变形大莲瓣纹，碗的釉面彩面亮丽，已有古旧感，应是清光绪时期的民窑制品。

作者寄语： 百转千声志不移，收藏不断有创意，民俗雅趣为一体。摆在前面的是展望，放在后面的是回忆。

光绪五彩锦地开光狮纹筒瓶

此类边饰的筒瓶该是清顺治时期的,但此瓶是光绪仿制顺治时期的器物。此结论来源于器物器表的光泽,其包浆并非特别厚重,有如孩童脸上的皮肤细白又嫩。

从其釉面、彩面来看,此瓶应是光绪时期民窑仿顺治时期筒瓶的作品。

光绪墨地五彩花鸟天球瓶

墨地五彩创烧于清康熙时期，而天球瓶创烧于明永乐时期。这件墨地五彩天球瓶该是光绪仿康熙的制品。

此瓶的彩绘构图完美大气，笔墨线条奔放流畅。双犄牡丹、洞石、鸟肥胖等绘画技法与构图都有明显的清康熙时期的器物特征。其红色、绿色都有晚清的特点（康熙时期的红色多为枣皮红，晚清是淡淡的矾红），其胎质没有康熙时期的白洁硬朗细密。

故此墨地五彩花鸟天球瓶应是清光绪时期的制品。

作者寄语： 人生要有三种求索：一是科学求真，二是人心求善，三是艺术求美，即为真善美。

七、清晚期

229

光绪粉彩人物故事将军罐

将军罐是清代的器型，此罐的人物景物绘画细腻。色彩已有色阶，呈现出立体效果，但已是晚清民国时期的薄粉彩了。从其底足的胎质上可看到老化的包浆，釉面彩面都有古旧感、陈旧感。

因而此件粉彩人物将军罐是清光绪时期的民窑制品。

作者寄语：吐艳的玫瑰，盛开的菊花，祝福藏友，祝福大家。淘宝时买真别买假，把眼力练好，把步子迈大，让自己的生活平淡中见高雅。

光绪粉青釉堆白花卉长颈荸荠瓶

粉青、豆青堆白是清代的瓷器品种之一，是较为高档的瓷器品种。元明时期已有蓝地堆白，蓝釉堆白瓷曾是明宣德时期的一种高雅的瓷器品种。荸荠瓶是清代的器型，康熙时期创烧，其后各朝都有烧制，且官窑民窑都有生产。

此件粉青釉堆白花卉长颈荸荠瓶釉光温润有老气，露胎处已有火石红泛出，应是清光绪时期的民窑制品。

光绪—民国时期反瓷双耳瓶

"反瓷"指不上釉的瓷器，此瓶即是如此。

这件双耳瓶是浅浮雕纹饰，主纹饰是云龙，雕工细腻有古旧感。胎质硬朗细腻，还是五爪龙，且有"大清乾隆年制"篆书款（应为寄托款），是按乾隆官窑的制式作的。

从其光泽和胎质可以断定，此反瓷双耳瓶应是清光绪到民国期间的仿品。

作者寄语：不到京城，不知道官小，见到富家，才知道自己钱少，收藏久了，才知道官窑最好，官窑官窑，灵芝也是百草。

光绪—民国蓝地开光凤凰牡丹纹盖罐

这件盖罐保留原盖,器体完整,纹饰绘画细腻,其中有清早期多有的小太阳高悬,牡丹画成清康熙时期的双犄牡丹,罐体是灯笼罐型制。但看其彩料的发色、蓝地的色泽,特别是包浆,古旧感不足,达不到康熙时期。

故断此盖罐为清光绪至民国时期的制品。

清仿明万历青花五彩云龙纹双耳扁瓶

在中国陶瓷烧造史上，明清瓷器中的五彩瓷有两个巅峰——明嘉万和清康熙时期。而在国外，特别是日本人尤其喜欢万历五彩瓷，因而清末到民国时期，景德镇烧制了一批又一批的仿万历五彩或青花五彩瓷，出口日本。

这件青花五彩扁瓶就是清末烧造的那些批次里的制品。龙纹是明代的画法，并写有"大明万历年制"款，胎质及色彩都有万历五彩的特点。

八 民国时期及现代仿品

民国粉彩花鸟纹观音瓶

此观音瓶纹饰为花鸟纹，绘画精细，神态逼真。画中牡丹绽放，富贵白头鸟开口鸣叫。粉彩已是民国时期的水粉彩，口沿下方的璎珞纹有着民国时期的绘画风格，红色图章款"乾隆年制"为寄托款。

从胎质和釉面，可断其为民国制品。

民国粉彩花鸟纹一品锅

　　此类一品锅的器型在晚清至民国时期较为常见，其纹饰绘画由民国瓷绘名家谢发兴所作。从其细砂底上的包浆可以看到时间岁月的痕迹，釉面彩面也有古旧感。

　　因而此粉彩花鸟纹一品锅应为民国制品。

作者寄语： 收藏的激情，能融冰雪，淘宝的路上，脚步不停歇，匠心独运，放开视野，收藏搅奇绝。

民国粉彩山水庭院人物笔洗

此类笔洗的器型在光绪晚期至民国时期较为常见。

彩绘已用水粉彩，绘画精细，远景云里雾里见山峰，近景为庭院人物，砖砖瓦瓦都清晰可见。笔洗彩绘的另一面是诗句"江山多娇"落款——星江张志汤。张志汤（1893—1971）是现代著名瓷画家，擅长画山水，早年多参照宋元画印刷品彩瓷，笔法工细、构图谨严。

此件笔洗为细砂底，从器型和彩绘来看，应是民国制品。

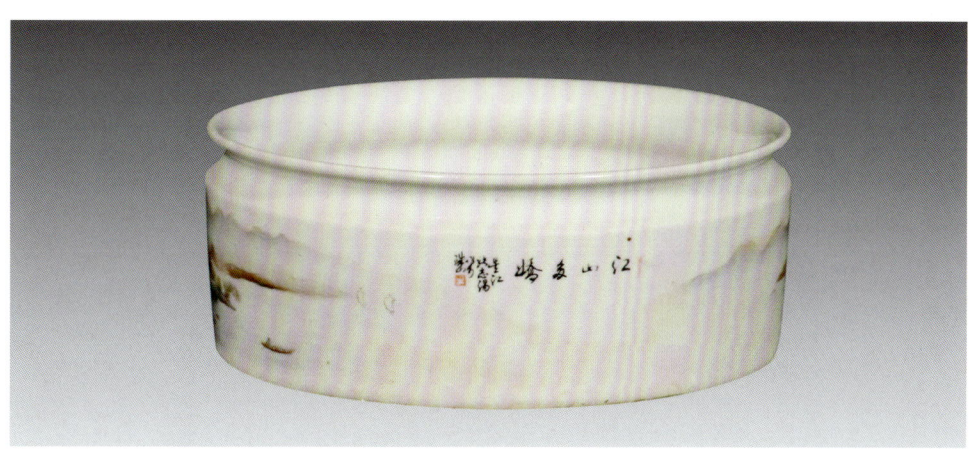

民国孔雀蓝釉关公塑雕像

孔雀蓝釉创烧于宋代的磁州窑，景德镇窑在元代开始烧制。

这件关公塑像就是景德镇烧制的。雕像有"曾龙升"款。曾龙升（1901—1964）是中国的瓷雕大师，人民大会堂江西厅陈设有其瓷雕作品。

这件孔雀蓝釉关公塑雕像，从胎质和釉面来看，应为民国制品。

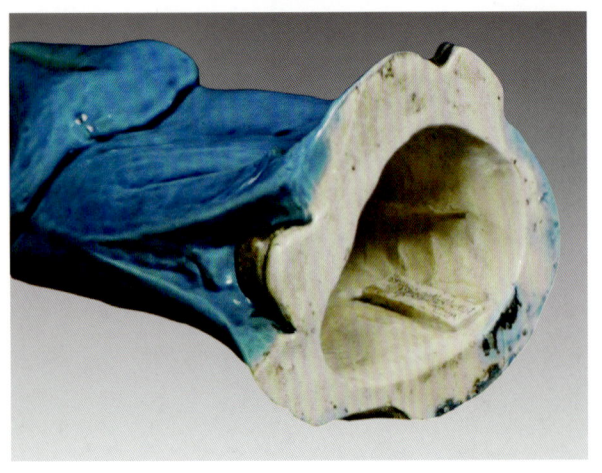

作者寄语： 小胜要智，大胜靠德。我们收藏人要取得成功，智不可缺，德不可少，智德双全才能收藏大成也。

民国粉彩观音塑像

这件观音塑像造型端庄，开脸慈祥，古意盎然秀美。观音手拿一柳枝，被称为"柳叶观音"。除此之外，还有龙头观音、如意观音和净瓶观音等。塑像底足的胎是晚清民国时期的胎质，彩料为矿物料，薄粉彩。

故此件粉彩观音塑像应为民国时期的民窑制品。

民国粉彩人物六方双耳撇口瓶

　　这种六方撇口瓶多在清中晚期和民国时期出现，其粉彩是晚清民国时期的薄粉彩或水粉彩的呈色。再看其胎质老气，但包浆不重，即年头不长。

　　故此粉彩人物六方双耳撇口瓶应是民国早期制品。

作者寄语：徐特立徐老曾言：一分耕耘一分收获，要想收获得好，必须耕耘得好。我们收藏人要牢记。

民国粉彩大肚弥勒佛

弥勒佛也称弥勒菩萨，一般是座像，不仅出现在寺庙中，也被很多家庭供奉。弥勒佛"大肚能容，容天下难容之事"，代表了中华民族宽容、和善、智慧的美德。

佛像底部有"曾龙升"款。此佛像麻布底，有火石红。整体色彩艳丽，老气十足，应是民国制品。

民国粉彩人物双耳大瓶

古玩的历史属性和文化内涵是延续的,需要我们重现、研究与传承。

这件双耳大瓶的亮青釉面代表了当时的工艺水平,图中可见女士发髻高挽,眉如月弯,长裙拖地,色彩艳丽,人物着装彰显出当时人们的审美与生活习性。

但大瓶圈足的胎质疏松,不如清早期的细密硬朗;彩绘已是水粉彩,人物开脸与画法与清光绪时期有所区别。

故此粉彩人物双耳大瓶应为民国制品。

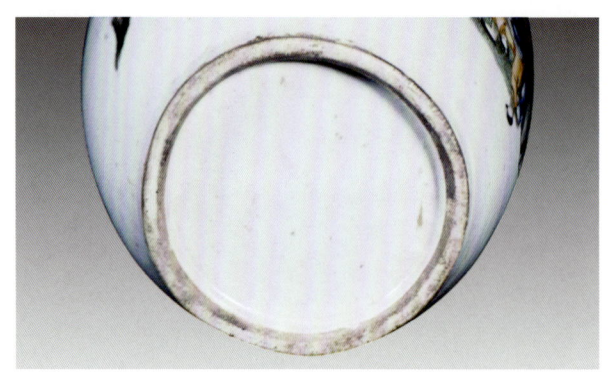

作者寄语: 民以食为天,藏以真为先,铭记好格言,搞好收藏也不难。

民国粉彩洞石雉鸡牡丹纹帽筒

此件帽筒的画片色彩艳丽,线条流畅洒脱,花鸟图案逼真传神,落笔精准到位。器物的底足是宽圈足,因而应属民国时期,故此"洪宪年制"款识是寄托款。底足露胎处已有火石红,釉面、彩面有老气。

故此件粉彩洞石雉鸡牡丹纹帽筒应为民国制品。

汪小亭浅绛山水诗文六方两件套花盆

汪小亭（1906—1970）是珠山八友之一汪野亭的长子，其作品主要在民国中晚期与20世纪五六十年代。

该两件套花盆的文字中有"一九五三年元月上旬……"，并写有汪小亭的名字。从花盆的绘画精细程度和汪小亭擅长画山水两点来看，倒也相符。但汪小亭的作品传世品很少，其现今价值已可与珠山八友的作品相媲美，因而仿者甚多。

这件作品如定其为真品，尚有待商榷。

作者寄语：腊梅傲霜驱冬寒，万物萌动迎春暖。收藏回首又一年，新年共同谱新篇。

粉彩枝藤花卉蒜头瓶

先不说这件粉彩花卉蒜头瓶的新老程度，就其工艺美术绘画技法风格而言，此物给人以直观感，有自然天成之美，沉静淡雅之风，有让人可欣赏的亮点。其枝藤自然伸展显现出整体的顾盼协调，有粗有细，有主干有末梢，主根深扎泥土，末梢悬浮在上空，有风吹枝叶摇的动感。

但就新老程度而言，这件瓷器尽管工艺精湛，给人的美感强烈，但还是一件现代仿品。其理由如下：从圈足看，其胎不老，是现代的胎质，双蓝圈不是人工平绘而是电脑制作，没有起落笔，器物表面没有古旧感、熟旧感和陈旧感。

1955年粉彩花鸟观音瓶

一件精美的瓷器就像一首无言的诗、一幅立体的画、一件永恒的艺术品。这几句话形容此观音瓶最为恰当。

瓶的绘画细腻精美,为名家邓肖禹所作(邓肖禹是民国时期珠山八友之一的邓碧珊的孙子)。在瓶的文字里有干支纪年款"乙未",从时间推算,乙未年不是光绪二十一年(1895),就是1955年。邓肖禹出生在1920年,2000年去世,落邓肖禹款的这对瓶子,只能是1955年的作品。

虽是20世纪50年代的作品,但其釉面有一定的古旧感、陈旧感,且为名人作品,因而具有一定的收藏价值。

作者寄语: 爱迪生说,天才是什么?天才是百分之一的灵感加上百分之九十九的汗水。我们说,成功的收藏是什么?也是"灵感加汗水"。

豆青地粉彩堆塑六方双耳瓶

此双耳瓶器型高大，工艺复杂高雅，有堆塑粉彩纹饰，又有"大清光绪年制"篆书款。器物外表有磕碰损伤，从足上的胎看，有老相。

但经过仔细观察和分辨，此瓶的老相都是经过做旧而成，其应为一件现代仿品。

青花留白大披肩釉口罐

这件青花罐有诸多康熙时期的器物特征，如青花发色、青花留白和大披肩纹饰。但细看其底足的胎是现代胎质；其青花发色初看很像老的，细看也不像；釉面过白，有现代瓷的特征。

故此青花留白大披肩釉口罐应是一件现代仿品。

作者寄语：想扩大知识面，想扩大朋友圈，想在收藏圈里拔个尖，歪的斜的别沾边。多联系藏友，多逛地摊，勤奋执着多一点，搞收藏就得这样玩。

附录

附录一　北大资源学院文物专业学生名单（2008—2018 级）
（作者李臣所教班级的学生）

年级	学生名单（以姓氏笔画为序）
2008 级	王培龙　王梓萱　牛琛磊　卢　璠　朱晓亮　刘晰溪　李晓欣　李蕙孺　吴燕秀 吴燕伶　辛玉鹏　张　淼　周泳伸　周益民　段　旭　夏恺翊　高世奇　韩　晋 智　远　潘志宏　冀舒浩
2009 级	王　瑄　苏志鸿　李　想　李家祺　郝　泷　姬文静　蒋公桓　韩　志
2010 级	王　珂　田　一　田娇娇　刘养浩　李可义　吴天龙　辛小芳　张　毅　范碧川 林茵如　蒋聪丽　程　坤　程晓军
2011 级	于双豪　马天成　马成伟　王子健　巴登加甫　石　瀛　朱奕祯　祁静娅　孙理通 孙豪乾　李延林　李斐然　李嘉萍　吴　戈　沈珂晖　张航豪　张家鑫　陈　婷 周天骄　周锡奎　胡圣贤　胡顺强　秦　祺　秦　颖　顾悦馨　郭乘源　海秘油 黄冠嘉　董安雯　谢小梅　薛珊珊
2012 级	丁云鹏　于广山　于婉辰　王　浩　王浩宇　牛源浩　邓杰夫　叶　雨　包蕴田 冯　磊　刘　洋　李　嶫　李　彬　李日静　李稼禾　杨　明　杨晓阳　吴　通 汪宇昕　汪舒阳　宋一华　宋雪芬　宋晨泽　张恩齐　张景涵　陆佳炜　陈毅帆 范雪莲　赵浩然　秦皓青　夏　迎　晏亚明　徐桄宇　章尚智　密　珊　蒋玉晨 蒋东霖　童棕铭　蔡焕然
2013 级	马　虎　马　骏　王一楠　王少华　王昌冬　王建阳　卢圣允　朱　涵　乔　楠 庄　严　刘　旭　许子彦　孙　越　李少勋　杨娜娜　吴伟东　汪扬帆　宋　睿 宋昕悦　张　佳　张铁峰　张家豪　武慧升　金安琦　赵禹藩　姜志景　姜佳听 顾　闻　徐　娅　徐伟东　郭　晨　黄春山　曹宇韬　盛蒋琦　商书涵　彭　敏 韩增宝　谢文睿　黎　逸
2014 级	于晨智　刘笃辉　孙雅娴　杜伟秀　李　尹　李　喆　李宗浩　李振源　李媛媛 何天伦　宋　凯　张　恒　张玉宝　贺乙轩　徐士衡　谢　迪　戴林杰
2016 级	王清华　朱世斌　乔客远　杜宏辉　李翔宇　宋文奥　张含斐　周姿妤　赵星媛 郭捷明　符煜琦
2017 级	宁芷萱　吕欣育　刘伟轩　阳　彪　沈淦沺　张　溢　林东厚　林培钊　金家祥 周　永　侯博中　聂嘉豪　徐悦宾　黄冠优　董博艺　滑腾达　楼澎鉴
2018 级	王艺博　王艺楠　邓志兵　刘思彤　李宇轩　李雨杭　李昊轩　余晓畅　宋　壮 张　弛　张正龙　陈　琳　黎亚宾　潘栋梁

注：2015 年未招生

附录二　作者参与文物鉴定培训班、研修班授课学员名单

培训班 / 研修班	学生名单（以姓氏笔画为序）							
中国收藏家协会陶瓷委员会"华源上手"古陶瓷鉴定师研修班	马尚文	王　军	王元德	王支伟	王玉军	王存成	王尚军	王金成	王朋飞
	王显成	王焕洲	王赛球	石立平	石丽萍	丘景来	代练武	冯渺淼	朱　兵
	朱智卿	刘　玉	刘正阳	刘国勇	刘金良	刘京艳	刘宝力	刘俊锋	刘桂莲
	刘爱国	刘　强	齐孝宇	齐景朝	江　潮	江　涛	许世乐	许立华	阮启雁
	阮婕茜	孙继邦	杜　鹏	李　松	李　岳	李建中	李贺军	李润兴	杨道建
	杨锡庚	肖锦屏	时闻南	吴立雄	吴国荣	吴盐吉	吴碎满	邱　峻	何云峰
	何旭丽	何厚麟	余丽英	余贵章	汪晓林	宋　群	张　利	张　岳	张小春
	张月雄	张发起	张贵全	张健成	张海霞	张皓淳	陈　隽	陈　嵩	陈广丰
	陈兴发	陈国明	陈建革	陈绍铁	陈顺木	陈艳军	陈瑞敏	林大坤	林阿国
	林国典	罗　劭	金　哲	周云龙	周　炜	周保雄	项万富	赵　荣	赵　斌
	赵怀军	赵金福	赵胜建	赵海云	赵鸿儒	赵静华	胡　兵	保国安	俞美霞
	姚加楠	骆秀超	夏　群	夏德亚	柴加南	徐　倩	徐伟夫	徐俊民	徐晓艺
	高茂生	郭　平	郭　利	郭绍英	郭根营	姬　翔	桑　周	黄志勇	黄宗贵
	黄建华	黄建康	黄玲俐	黄敬超	梅火平	梅高华	崔　建	彭　鹏	彭素兰
	董振江	蒋　勇	蒋细谷	韩坤霞	释智光	曾　琳	游　优	蓝　艺	蓝永宏
	楼岩海	虞根露	廖东安	谭革玉	翟国民	魏士洋			
全国工商联民间文物艺术品商会培训班	丁旭辉	王　欢	由　游	刘　伟	刘立雪	孙　钢	张承武	陈炎鑫	赵　虎
	赵志新	钟利怀	贺希君						
北京昊晨艺术鉴定培训班	付　蔷	冬　青	刘颖新	齐孝宇	孙　健	李　虪	李晓鹏	邴少华	谷　宇
	罗建文	贯　磊	谢博瀚	解春然					

附录三　明清瓷器拍卖市场行情表（1996—2015，2017—2018）

说明：表中"人"代表人民币；"港"代表港币；"嘉"代表嘉德拍卖公司；"苏"代表香港苏富比拍卖公司；"佳"代表香港佳士得拍卖公司；"太"代表北京太平洋拍卖公司；"翰"代表北京翰海拍卖公司；"保"代表北京保利拍卖公司；"春"代表春季拍卖会；"秋"代表秋季拍卖会。

序号	器物名称（年代）	尺寸（cm）	价格（万元）	拍卖时间
1	明洪武·青花缠枝花纹菱口盏盘	D19.6	人 38.5	嘉 1997 春
2	明洪武·青花松竹梅纹玉壶春瓶	H34.5	人 49.5	嘉 2000 秋
3	明洪武·青花缠枝花卉菱口盘	D34.2	港 62.5	苏 1996 春
4	明洪武·青花串枝花卉纹瓜棱罐	H.53	港 400	佳 2000 秋
5	明洪武·釉里红缠枝菊纹盘	D19.4	人 38.5	嘉 2002 春
6	明永乐·青花缠枝花卉纹八角烛台	H.29.8	人 335.5	嘉 1996 秋
7	明永乐·青花菊瓣纹鸡心碗	D10.1	人 99	嘉 1999 春
8	明永乐·青花缠枝莲纹盘	D28	人 27.5	嘉 2001 春
9	明永乐·甜白釉暗花龙纹盘	D16	港 70.5	佳 2000 秋
10	明永乐·青花束莲盘	D34.3	港 84.5	嘉 1996 春
11	明永乐·白釉暗花赶珠龙纹高足碗	H.14	港 12	苏 2001 秋
12	明永乐·青花缠枝莲纹梅瓶	H24.8	港 136.5	佳 2001 秋
13	明永乐·青花缠枝莲纹双系小盖罐	H8	港 224.4	苏 2001 秋
14	明宣德·青花一把莲纹盘	D31.2	人 55	嘉 1996 秋
15	明宣德·青花一把莲纹盘	D40.5	人 66	嘉 1996 秋
16	明宣德·青花卷草纹笔杆	L14.8	人 52.8	嘉 1997 春
17	明宣德·青花灵芝纹鸟食罐	L9.1	人 17.6	嘉 1997 春
18	明宣德·青花缠枝莲纹盘	D.28	人 16.5	嘉 2001 秋
19	明宣德·青花松竹梅纹碗	D22	人 231	嘉 2000 春
20	明永~宣·青花缠枝瓜纹蛐蛐罐	D12	人 55	太 2001 秋
21	明宣德·青花缠枝花卉纹水果碗	D26.7	港 117.5	苏 1996 春
22	明宣德·青花及暗花双凤穿莲纹撇口碗	D.20	港 376	苏 1996 春
23	明宣德·青花折枝花果纹笠式碗	D17.9	港 222	苏 1996 春
24	明宣德·青花凤穿花双凤纹盘	D20	港 150	佳 2000 秋
25	明宣德·青花折枝花纹豆	H10.2	港 76	佳 2000 秋
26	明正统·青花湖石花卉纹盘	D33.5	人 3.3	嘉 2001 春
27	明成化·青花葡萄纹高足碗	H15.9	人 6.6	嘉 2001 秋

序号	器物名称（年代）	尺寸（cm）	价格（万元）	拍卖时间
28	明成化·青花葡萄纹小盖罐	H10.5	人 3.52	嘉 1997 春
29	明成化·斗彩杂花矾字纹杯	H7.5	港 156	佳 1996 春
30	明成化·青花庭院高仕下棋图罐	H24.6	港 69.5	苏 2001 秋
31	明成化·斗彩鸡缸杯	D9	港 2913	苏 1999 春
32	明成化·青花缠枝花卉三足炉	H13.5	人 0.99	太 2002 秋
33	明弘治·青花云龙盖盒	L29.5	人 2.64	太 2002 春
34	明弘治·白地绿龙纹碗	D18.8	人 24.2	嘉 1997 秋
35	明弘治·黄釉盘	D21.6	港 17.2	苏 1996 春
36	明弘治·黄地青花折枝花果盘	D26.4	港 114.5	佳 2001 春
37	明正德·黄地青花折枝瑞果纹盘	D19.5	人 66	嘉 1999 春
38	明正德·青花回纹香炉	H24	人 6.05	嘉 2001 秋
39	明正德·刻龙加绿彩纹盘	D20.9	港 41.4	苏 1996 春
40	明正德·斗彩缠枝牵牛花纹三足洗	D26	港 444.5	佳 2000 秋
41	明正德·黄釉碗	D18	港 4.1	佳 2001 秋
42	明嘉靖·青花花卉纹大缸	D37	人 5.28	嘉 1997 春
43	明嘉靖·青花鱼藻纹花口盘	D20	人 3.3	嘉 1997 秋
44	明嘉靖·青花龙凤纹葫芦瓶	H18.5	人 10.45	嘉 2001 春
45	明嘉靖·青花人物图三足炉	D28.5	人 2.42	嘉 2002 春
46	明嘉靖·青花婴戏图大罐	H38	人 9.68	嘉 2001 春
47	明嘉靖·嵌青花婴戏图瓷板大漆盒	L37	人 4.4	嘉 2001 春
48	明嘉靖·青花龙凤纹瓶	H47.6	人 7.48	嘉 2003 春
49	明嘉靖·青花花鸟图瓜楞罐	H25.2	人 27.5	嘉 2003 春
50	明嘉靖·青花莲池鸳鸯罐	H36	人 4.95	太 2001 秋
51	明嘉靖·青花贯套花盘	D23.6	人 3.08	嘉 2002 秋
52	明嘉靖·青花鱼藻纹盘	D15.3	港 25.8	苏 2001 秋
53	明嘉靖·青花缠枝莲托寿字纹大罐	H44.5	港 32.2	苏 1996 春
54	明嘉靖·青花缠枝莲纹小梅瓶	H14	港 41.4	苏 1996 春
55	明嘉靖·青花狮子滚球纹大缸	H67.5	港 9.2	苏 1996 春
56	明嘉靖·黄釉碟	D15.2	港 5.2	佳 2001 春
57	明嘉靖·青花耍戏图碗	D18.5	港 21.1	佳 2000 秋
58	明隆庆·青花云鹤纹方碟四件	L12.8	人 3.3	嘉 2000 秋
59	明隆庆·青花云龙纹四足顶式炉	L30	人 25.3	太 2002 春
60	明隆庆·青花爵禄封候菱口碟	D12.5	港 22.35	佳 2000 秋
61	明万历·青花花鸟纹罐	H39.5	人 8.8	嘉 1996 春
62	明万历·青花开光人物图盖罐	H40	人 30.8	嘉 1996 秋
63	明万历·青花人物图盘	D19.5	人 1.65	嘉 1996 秋
64	明万历·青花岁寒三友图碗	D9.3	人 6.38	嘉 1996 秋

序号	器物名称（年代）	尺寸（cm）	价格（万元）	拍卖时间
65	明万历·青花缠枝莲纹盘	D14.5	人6.6	嘉1997春
66	明万历·淡描青花人物图格盒	H9.7	人3.08	嘉1997春
67	明万历·青花云龙纹碗	D12	人9.68	嘉1997春
68	明万历·青花怪兽纹罐	H9.2	人1.65	太2001春
69	明万历·青花龙戏珠纹格式盘	D20.4	人2.75	太2000春
70	明万历·青花五彩开光花鸟锦地果盒	D19	人2.2	太2002春
71	明万历·青花花鸟罐	H27	人4.4	嘉2000春
72	明万历·青花内灵芝云外龙纹盘	D18.5	港3.6	苏2001秋
73	明万历·绿地开光式黄龙八吉祥纹罐	H17.5	港46	苏1996春
74	明万历·五彩八仙庆寿图盘	D29.8	港40	佳2000秋
75	明万历·五彩雉鸡翔凤葫芦形壁瓶	H30.5	港16.1	佳1996春
76	明万历·白釉划花花石纹蒜头瓶	H27.3	港7.05	佳2000春
77	明万历·青花八宝纹卧足碗	D11.5	人1.1	嘉2001秋
78	明万历·青花缠枝纹碗四只	D12.2	人6.82	嘉2002春
79	明万历·白釉暗刻缠枝莲纹大碗	D18.2	人4.29	嘉2002春
80	明万历·五彩松下高仕图碟	D13.9	港6.9	苏1996春
81	明万历·五彩人物纹碟一对	D14.2	港29.9	苏1996春
82	明万历·青花龙凤纹瓜棱罐	H12.6	港25.85	佳2000秋
83	明万历·五彩海水五龙纹笔山	L16.5	港40.5	苏2001秋
84	明万历·青花莲池鸳鸯将军盖罐	H42	人23.1	嘉2000秋
85	明万历·青花三龙波涛纹笔架	L15.2	港9.4	佳2000秋
86	明万历·五彩高士人物水盖罐	H10.8	港53.47	苏2001秋
87	明万历·青花开光人物盒	L15	人3.08	太2001春
88	明万历·青花云龙纹大碗	D36.5	港32.2	佳1996春
89	明万历·青花云龙纹高足杯	D10	港4.14	苏1996春
90	明万历·青花云龙纹盘	D18.6	港3.45	苏1996春
91	明崇祯·青花人物笔筒	H20.6	人5.72	嘉1996春
92	明崇祯·青花人物象腿瓶	H47.5	人9.9	嘉1996秋
93	明崇祯·青花人物莲子罐	H14.8	人1.65	嘉1996秋
94	明崇祯·青花人物象腿瓶	H43	人10.45	嘉1997春
95	明崇祯·青花仕女花觚	H36.9	人9.9	嘉1997春
96	明崇祯·青花携琴访友笔筒	H16.1	人1.76	嘉1997春
97	明崇祯·青花花鸟莲子罐	H24.2	人4.95	嘉1997秋
98	明崇祯·青花博古花卉筒瓶	H44.5	人4.4	嘉1997秋
99	明崇祯·青花花卉莲子罐	H18	人1.98	嘉1997秋
100	明崇祯·青花人物莲子罐	H16	人1.65	嘉1997秋
101	明崇祯·青花海兽纹橄榄罐	H16.3	人1.65	嘉1997秋

序号	器物名称（年代）	尺寸（cm）	价格（万元）	拍卖时间
102	明崇祯·青花人物笔筒	H21	人 5.28	嘉 1997 秋
103	明崇祯·青花花鸟花觚	H18.2	人 4.4	太 2002 秋
104	明崇祯·青花山水人物筒瓶	H42	人 15.4	太 2002 秋
105	明崇祯·青花五彩人物筒瓶	H39	人 7.92	太 2002 春
106	明崇祯·青花进爵图象腿瓶	H43.5	人 11	太 2001 春
107	明崇祯·青花戏曲人物笔筒	H20.7	人 8.47	嘉 2000 秋
108	明崇祯·青花花鸟莲子罐	H17.2	人 1.65	嘉 2001 春
109	明崇祯·青花水浒人物莲子罐	H25.3	人 3.3	嘉 2000 春
110	明崇祯·青花高士图莲子罐	H14.8	人 4.85	嘉 2000 春
111	明崇祯·青花人物象腿瓶	H36	人 7.92	嘉 2000 春
112	明崇祯·青花人物笔筒	H16	人 3.3	嘉 1999 春
113	明崇祯·青花舞剑人物笔筒	D20.7	人 38.5	嘉 2002 秋
114	明崇祯·青花人物笔筒	H16	人 1.98	嘉 2002 秋
115	明崇祯·青花戏曲人物图笔筒	H20.8	人 57.2	嘉 2003 秋
116	明崇祯·青花人物笔筒	D21.5	人 9.02	嘉 2003 春
117	清顺治·青花八仙人物大盘	D36	人 2.42	嘉 1996 春
118	清顺治·青花花鸟铃铛杯	H13	人 3.85	嘉 1997 春
119	清顺治·青花芭蕉人物筒瓶	H42.7	人 2.75	嘉 2002 春
120	清顺治·青花云龙戏珠缸	D24.4	港 4.1	佳 2000 眷
121	清顺治·青花麒麟芭蕉盘	D35	人 0.71	嘉 2001 春
122	清顺治·青花缠枝花卉罐	H26	人 0.6	嘉 2001 春
123	清顺治·五彩海浪杂宝将军罐	H36	人 2.2	嘉 2001 春
124	清康熙·青花圣主得贤臣颂笔筒	H16	人 18.7	嘉 1996 春
125	清康熙·青花西厢人物盘一对	D18	人 38.5	嘉 1996 春
126	清康熙·青花缠枝莲纹碗	D16	人 1.32	嘉 1996 春
127	清康熙·青花人物图笔筒	H20.6	人 2.75	嘉 1996 春
128	清康熙·青花云鹤博古小缸	H16.3	人 1.65	嘉 1996 春
129	清康熙·青花山水凤尾尊	H44	人 2.75	嘉 1996 春
130	清康熙·青花龙纹杯	D9.3	人 7.92	嘉 1996 秋
131	清康熙·青花缠枝连纹盘一对	D15.5	人 3.08	嘉 1996 秋
132	清康熙·青花人物纹花觚	H47	人 4.62	嘉 1996 秋
133	清康熙·青花凤纹盘一对	D16.2	人 6.38	嘉 1996 秋
134	清康熙·青花人物笔筒	H13.8	人 1.65	嘉 1996 秋
135	清康熙·青花山水人物炉	D19	人 2.2	嘉 1996 秋
136	清康熙·青花圣主得贤臣颂笔筒	H16.1	人 17.6	嘉 1997 春
137	清康熙·青花花鸟纹瓶	H20.5	人 1.65	嘉 1997 春
138	清康熙·青花人物瓶	H19.2	人 1.32	嘉 1997 春

序号	器物名称（年代）	尺寸（cm）	价格（万元）	拍卖时间
139	清康熙·青花攀枝娃娃直口盘	D16	人 3.85	嘉 1997 春
140	清康熙·青花人物笔筒	H13.5	人 2.09	嘉 1997 春
141	清康熙·青花人物笔筒	H14.5	人 1.87	嘉 1997 春
142	清康熙·青花西厢人物笔筒	H18.4	人 3.52	嘉 1997 春
143	清康熙·青花牡丹纹碗	D11.9	人 1.54	嘉 1997 春
144	清康熙·青花缠枝莲纹盘	D15.4	人 1.1	嘉 1997 春
145	清康熙·青花花鸟纹碗	D18.5	人 1.98	嘉 1997 春
146	清康熙·青花釉里红题诗笔筒	D19.1	港 39.1	苏 1996 春
147	清康熙·青花折枝花果龙纹棱口笠式碗	D29.2	港 11.5	苏 1996 春
148	清康熙·五彩仕女婴戏棒槌瓶	H25.4	港 9.2	苏 1996 春
149	清康熙·五彩釉里红玫瑰纹马蹄水盂	D12.9	港 25.3	苏 1996 春
150	清康熙·五彩花神杯	D6.6	港 24.15	苏 1996 春
151	清康熙·斗彩高仕洒杯一对	D5.6	港 6.9	苏 1996 春
152	清康熙·斗彩庭院仕女鼓式缸	H20	港 1.84	苏 1996 春
153	清康熙·斗彩婴戏图碟	D15	港 5.75	苏 1996 春
154	清康熙·豇豆红划团变龙纹太白尊	D12.7	港 4.14	苏 1996 春
155	清康熙·豇豆红菊瓣尊	H21.2	港 23.0	苏 1996 春
156	清康熙·黄釉刻皮球花碗	D11.8	港 5.52	苏 1996 春
157	清康熙·红釉菊瓣碗	D20.6	港 5.75	苏 1996 春
158	清康熙·仿永乐红釉龙纹高足碗	D14	港 15.0	苏 1996 春
159	清康熙·黄地斗彩龙凤盘	D21	港 23.0	苏 1996 春
160	清康熙·青花"醉翁亭记"笔筒	D20.5	人 6.6	嘉 1997 秋
161	清康熙·釉里三彩海水龙纹观音瓶	H41.7	人 74.8	嘉 1997 秋
162	清康熙·釉里三彩山水笔筒	H18	人 8.8	嘉 1997 秋
163	清康熙·青花山水笔筒	H19.8	人 3.85	嘉 1997 秋
164	清康熙·青花人物笔筒	H21	人 4.62	嘉 1997 秋
165	清康熙·青花缠枝莲盘一对	D15.2	人 2.42	嘉 1997 秋
166	清康熙·青花双凤盘一对	D16.2	人 6.6	嘉 1997 秋
167	清康熙·青花山水盘两只	D16.3	人 2.2	嘉 1997 秋
168	清康熙·青花婴戏图笔筒	H15.5	人 1.32	嘉 1997 秋
169	清康熙·黄地绿龙纹碗	D14.8	港 5.75	苏 1996 春
170	清康熙·黄地紫绿龙碟	D13.6	港 2.53	苏 1996 春
171	清康熙·孔雀绿葫芦瓶	H14.5	港 3.68	苏 1996 春
172	清康熙·绿彩云龙盘	D17.6	港 4.37	苏 1996 春
173	清康熙·白釉划莲纹大盘	D47	港 5.75	苏 1996 春
174	清康熙·白釉刻云纹水盂	D12.7	港 19.55	苏 1996 春
175	清康熙·青花六子闹弥勒笔筒	D19.5	人 9.68	嘉 2000 秋

序号	器物名称（年代）	尺寸（cm）	价格（万元）	拍卖时间
176	清康熙·青花八卦铃铛杯一对	D8	人 27.5	嘉 2000 秋
177	清康熙·青花山水人物笔筒	H18.5	人 7.15	嘉 2000 秋
178	清康熙·青花山水笔筒	D8.5	人 3.3	嘉 2000 秋
179	清康熙·青花张迁图诗文杯	D6.2	人 12.1	嘉 2000 秋
180	清康熙·青花后赤壁赋瓷瓶一对	H42.3	人 1.98	嘉 2000 秋
181	清康熙·青花诗文笔筒	D8.5	人 6.6	嘉 2000 秋
182	清康熙·青花云鹤寿字盘	D16.9	人 2.9	嘉 2000 秋
183	清康熙·青花西厢记人物故事盘	D20.6	人 6.6	嘉 2000 秋
184	清康熙·五彩人物诗句笔筒	H14.3	港 3.52	佳 2000 春
185	清康熙·五彩三国演义棒槌瓶	H42.5	港 41.12	佳 2000 春
186	清康熙·茄皮紫釉划云龙纹盂	H8.9	港 32.9	佳 2000 秋
187	清康熙·豇豆红釉印色盒	D7.3	港 28.2	佳 2000 秋
188	清康熙·豇豆红釉柳叶尊	H15	港 92.5	佳 2000 秋
189	清康熙·青花釉里红团花摇铃尊	H22.8	港 334.5	佳 2000 秋
190	清康熙·五彩花神杯	H6.4	港 17.82	苏 2001 秋
191	清康熙·五彩高仕人物盖罐	H22	港 46.57	苏 2000 秋
192	清康熙·青花花鸟花觚	H17.5	人 1.32	嘉 2001 秋
193	清康熙·青花海水鱼龙折沿洗	D43.7	人 3.52	嘉 2001 秋
194	清康熙·青花《黄鹤楼》笔筒	D5.8	人 1.65	嘉 2001 秋
195	清康熙·青花人物笔筒	D16.5	人 4.62	嘉 2001 秋
196	清康熙·青花诗文笔筒	D18	人 7.92	嘉 2001 秋
197	清康熙·青花"磁器发行"纹瓷砖	L29.8	人 2.75	嘉 2001 秋
198	清康熙·青花人物花觚	H45.7	人 3.52	嘉 2001 秋
199	清康熙·青花庭院人物花觚	H47	人 5.72	嘉 2001 秋
200	清康熙·冬青釉小花觚	H12	人 4.4	嘉 2001 秋
201	清康熙·五彩花神杯四只	D6.5	人 71.5	嘉 2001 春
202	清康熙·五彩花鸟盘	D19.5	人 49.5	嘉 2001 春
203	清康熙·五彩人物棒槌瓶	H43	人 1.65	嘉 2001 春
204	清康熙·五彩魁星点斗笔筒	H11.8	人 1.98	嘉 2001 春
205	清康熙·青花山水人物笔筒	D19.3	人 7.92	嘉 2001 春
206	清康熙·青花山水人物观音尊	H42.7	人 13.2	嘉 2001 春
207	清康熙·青花山水人物笔筒	D18	人 3.08	嘉 2001 春
208	清康熙·青花人物笔筒	D16.3	人 5.72	嘉 2001 春
209	清康熙·青花山水人物笔筒	H15.8	人 2.2	嘉 2001 春
210	清康熙·斗彩高士小杯	D10.3	人 2.2	嘉 2001 春
211	清康熙·绿釉褐彩云龙碗	D13.5	人 13.2	嘉 2001 春
212	清康熙·黄地紫绿彩龙盘两只	D13.2	人 2.75	嘉 2001 春

序号	器物名称（年代）	尺寸（cm）	价格（万元）	拍卖时间
213	清康熙·青花花鸟筒瓶	H18.2	人0.88	嘉2000春
214	清康熙·青花瑞果寿宴大碗	D24	人1.65	嘉2000春
215	清康熙·青花开光人物笔筒	H19.8	人5.06	嘉2000春
216	清康熙·青花麒麟花觚	H53.3	人5.39	嘉2000春
217	清康熙·青花雪景图笔筒	D20	人29.7	嘉2000春
218	清康熙·白釉刻缠枝牡丹笔筒	H14	港25.8	佳2001秋
219	清康熙·粉彩花蝶大盘	D40	港22.3	佳2001秋
220	清康熙·五彩双凤穿花暗龙纹盘	D21.5	港9.98	佳2001秋
221	清康熙·豇豆红釉镗锣洗	D12	港37.6	佳2001秋
222	清康熙·茄皮紫釉碗一时	D12.6	港41.1	佳2001秋
223	清康熙·斗彩花卉八吉祥盘一对	D26	港35.2	佳2001秋
224	清康熙·青花缠枝莲盘一对	D15.5	人2.2	太2002秋
225	清康熙·青釉刻洞石花卉印泥盒	D12	人10.78	太2002春
226	清康熙·青花山水纹笔筒	H15	人1.87	太2002春
227	清康熙·五彩花鸟折沿盘	D24	人1.98	太2002春
228	清康熙·青花冰梅将军罐	H47	人1.1	太2002春
229	清康熙·青花冰梅开光博古缸	H18	人0.33	太2002春
230	清康熙·青花冰梅开光博古缸	D20.5	人1.1	太2002春
231	清康熙·青花西厢人物盖缸（缺盖）	H21.5	人9.02	太2002春
232	清康熙·豆青地青花"喜上眉梢"瓶	H45.5	人7.7	太2002春
233	清康熙·青花山水人物诗文方瓶	H50	人2.31	太2002春
234	清康熙·青花锦地蕉叶纹花觚	H24.5	人1.1	太2001春
235	清康熙·青花山水人物凤尾尊	H47	人3.08	太2001春
236	清康熙·斗彩花卉盘	D16	人2.09	太2001春
237	清康熙·斗彩太极八卦盘	D20.7	人3.74	太2001春
238	清康熙·青花西蕃莲碗	D19.3	人4.95	太2001春
239	清康熙·青花花鸟盘	D39	人1.39	太2001秋
240	清康熙·青花"仕女秉烛夜游"碗	D19	人2.75	太2001秋
241	清康熙·青花八仙人物故事碗	D17	人2.64	太2001秋
242	清康熙·青花莲瓣纹碗一时	D13	人4.08	太2001秋
243	清康熙·青花飞凤云鹤纹碗	D12	人3.3	太2001秋
244	清康熙·五彩人物纹杯	H4.8	人3.3	太2001秋
245	清康熙·五彩缠枝花卉盘	D35.6	人0.55	太2001秋
246	清康熙·青花花卉诗纹罐	H16	人0.55	太2001秋
247	清康熙·五彩花蝶笔筒	H15	人1.1	太2001秋
248	清康熙·郎窑红观音尊	H41	人2.42	太2001秋
249	清康熙·青花百鸟朝凤棒槌瓶	H76.5	人22	太2001秋

序号	器物名称（年代）	尺寸（cm）	价格（万元）	拍卖时间
250	清康熙·釉里红怪兽胆式瓶	H43	人 3.09	太 2001 秋
251	清康熙·青花鹿鹤同春凤尾尊	H44.5	人 5.72	太 1999 春
252	清康熙·青花五彩文王访贤花觚（修）	H53	人 1.98	太 1999 春
253	清康熙·青花谈描人物鼓式缸	H18.3	人 4.4	嘉 2001 秋
254	清康熙·青花人物粥罐	D16.5	人 1.32	嘉 2001 秋
255	清康熙·青花博古山水人物凤尾尊	H47.3	人 11	嘉 2001 秋
256	清康熙·五彩罗汉戏狼图棒槌瓶	H45	港 41.1	佳 2001 秋
257	清康熙·斗彩竹石花蝶纹盘	D15.1	港 7.8	苏 2001 秋
258	清康熙·斗彩桃花彩蝶卧足杯	H6.8	港 9.6	苏 2001 秋
259	清康熙·豇豆红变龙太白尊	D12.5	港 58.07	苏 2001 秋
260	清康熙·矾红缠枝花卉葫芦瓶	H23.5	港 164	佳 2001 秋
261	清康熙·珊瑚红地五彩牡丹纹御制碗	D10.8	港 58.07	苏 2001 秋
262	清康熙·青花后赤壁赋图文笔筒	D17.7	人 4.4	嘉 2000 春
263	清康熙·青花山水笔筒	D18.2	人 6.6	嘉 2000 春
264	清康熙·青花谈描仕女鼓式缸	H17.2	人 3.52	嘉 2000 春
265	清康熙·豆青釉竹节形笔筒	H14	人 1.98	嘉 2000 春
266	清康熙·釉里红变凤纹瓶	H17.8	人 79.2	嘉 2000 春
267	清康熙·洒兰地开光青花釉里红花鸟盘	D26.2	人 3.85	嘉 2000 春
268	清康熙·洒兰釉描金瑞兽碗	D20.2	人 4.95	嘉 2002 春
269	清康熙·德化白釉双耳炉	D10.7	人 1.98	嘉 1999 春
270	清康熙·青花松鹤延年笔筒	D23	人 11.5	嘉 2002 秋
271	清康熙·青花双龙碗	D16	人 8.8	嘉 2002 秋
272	清康熙·青花竹林七贤棒槌瓶	H46.1	人 3.3	嘉 2002 秋
273	清康熙·青花山水凤尾尊	H45.3	人 3.08	嘉 2002 秋
274	清康熙·青花云龙小盖罐	H11.4	人 38.5	嘉 2002 秋
275	清康熙·青花人物筒瓶	H27.5	人 2.75	嘉 2002 秋
276	清康熙·德化刻竹石纹水盂	H9.3	人 0.88	嘉 2002 秋
277	清康熙·五彩人物笔筒	H13.2	人 4.95	嘉 2002 秋
278	清康熙·五彩人物诗文笔筒	H12.5	人 6.05	嘉 2002 秋
279	清康熙·五彩花卉小瓶	H12.7	人 1.65	嘉 2002 秋
280	清康熙·五彩花卉小棒槌瓶	H19.8	人 2.75	嘉 2002 秋
281	清康熙·五彩人物花口盘	D21	人 1.65	嘉 2002 秋
282	清康熙·豇豆红太白尊	D12.7	人 27.5	嘉 2002 秋
283	清康熙·豇豆红太白尊	D12.8	人 8.8	嘉 2002 秋
284	清康熙·青花圣主得贤巨颂笔筒	D18	人 7.48	嘉 2002 秋
285	清康熙·青花龙纹罐	H21.5	人 2.2	嘉 2002 秋
286	清康熙·青花十二花神杯	D6.6	人 5.5	嘉 2002 秋

序号	器物名称（年代）	尺寸（cm）	价格（万元）	拍卖时间
287	清康熙·青花凤穿花凤尾尊	H45	人 6.6	嘉 2002 秋
288	清康熙·五彩东坡赏砚笔筒	D17.2	人 16.5	嘉 2003 春
289	清康熙·五彩琴棋书画人物笔筒	D18.8	人 20.9	嘉 2003 春
290	清康熙·五彩花神杯（桂花）	D6.5	人 8.8	嘉 2003 春
291	清康熙·五彩庭院仕女罐	H32.5	人 18.7	嘉 2003 春
292	清康熙·五彩穿花龙凤盘	D32	人 15.4	嘉 2003 春
293	清康熙·釉里红团龙碗	D14.4	人 28.6	嘉 2003 春
294	清康熙·釉里红折枝花纹水呈	H9.5	人 88	嘉 2003 春
295	清康熙·青花海水八卦碗	D12	人 19.8	嘉 2003 春
296	清康熙·青花人物棒槌瓶	D44.8	人 15.4	嘉 2003 春
297	清康熙·青花凤纹三足叠盒	H19.5	人 88	嘉 2003 春
298	清康熙·青花人物诗文笔筒	D20.2	人 31.9	嘉 2003 春
299	清康熙·青花人物笔筒	D17.5	人 6.6	嘉 2003 春
300	清康熙·青花二龙戏珠碗	D11	人 4.4	嘉 2003 春
301	清康熙·青釉青花鹤鹿同春凤尾尊	H41.6	人 8.25	嘉 2003 春
302	清康熙·青花人物印盒	D7.5	人 2.2	嘉 2003 春
303	清康熙·黄釉双耳小杯	D5.3	人 8.8	嘉 2003 春
304	清康熙·黄地绿彩云纹小碗一对	D10.1	人 7.48	嘉 2003 春
305	清康熙·白釉笔筒	H13.2	人 6.6	嘉 2003 春
306	清康熙·德化白釉观音像	H31	人 13.2	嘉 2003 春
307	清雍正·青花八宝大盘	D45	人 24.2	嘉 1996 春
308	清雍正·青花花卉斗笠碗	D18.3	人 15.4	嘉 1996 春
309	清雍正·青花矾红云龙茶船一对	D11.4	人 6.6	嘉 1996 春
310	清雍正·斗彩西番莲盘一对	D11.2	人 7.92	嘉 1996 春
311	清雍正·斗彩莲池鸳鸯纹盘	D14.9	人 2.75	嘉 1996 春
312	清雍正·斗彩缠枝西番莲碗	D10	人 8.8	嘉 1996 春
313	清雍正·祭红高足碗一对	D18	人 5.5	嘉 1996 春
314	清雍正·哥釉弦纹瓶	H18.6	人 30.8	嘉 1996 春
315	清雍正·斗彩缠枝莲碗一对	D10	港 34.5	佳 1996 春
316	清雍正·斗彩花卉盖罐	H12	港 34.5	佳 1996 春
317	清雍正·斗彩团菊碟	D11.3	港 8.05	苏 1996 春
318	清雍正·斗彩团龙卷草莲纹罐	H18.3	港 79	苏 1996 春
319	清雍正·青花灵芝纹八楞小罐	H9	人 7.92	嘉 1996 秋
320	清雍正·青花缠枝莲纹小缸	D7	人 16.5	嘉 1996 秋
321	清雍正·青花婴戏图蟋蟀罐	D12	人 5.5	嘉 1996 秋
322	清雍正·青花花卉纹杯一对	D8.3	人 2.2	嘉 1996 秋
323	清雍正·斗彩缠枝宝相花纹碗	D13.4	人 49.5	嘉 1996 秋

序号	器物名称（年代）	尺寸（cm）	价格（万元）	拍卖时间
324	清雍正·斗彩小瓶	H12	人 11	嘉 1996 秋
325	清雍正·斗彩福寿碗一对	D13	人 8.8	嘉 1996 秋
326	清雍正·斗彩三色碗	D7.1	人 15.4	嘉 1996 秋
327	清雍正·粉彩花卉盘一对	D19.8	人 8.8	嘉 1996 秋
328	清雍正·粉彩菊花纹杯	D9.2	人 57.2	嘉 1996 秋
329	清雍正·粉彩渔藻纹花盆	D33.8	人 17.6	嘉 1996 秋
330	清雍正·墨彩山水纹碗	D11.9	人 10.45	嘉 1996 秋
331	清雍正·粉彩荷花盘一对	D15.4	人 6.6	嘉 1996 秋
332	清雍正·斗彩云蝠小碗一对	D10	港 34.5	佳 1996 春
333	清雍正·仿哥窑六方瓶	H68.5	港 24.15	佳 1996 春
334	清雍正·茄皮紫釉划八吉祥纹碟	D11.4	港 6.9	苏 1996 春
335	清雍正·黄釉撇口杯一对	D6.7	港 21.85	苏 1996 春
336	清雍正·柠檬黄釉杯一对	D8.7	港 10.35	苏 1996 春
337	清雍正·粉彩九桃天球瓶	H51.3	港 211.0	苏 1996 春
338	清雍正·豆青釉浮云螭龙折沿大盘	D50.5	港 14.95	苏 1996 春
339	清雍正·青花矾红莲花纹碗	D8.2	港 4.1	佳 2000 春
340	清雍正·仿汝釉弦纹方壶	H39	港 23.5	佳 2000 春
341	清雍正·斗彩芝仙祝寿盘	D20.6	港 103.5	佳 2000 春
342	清雍正·粉彩过枝花卉大盘	D50.6	港 356.5	佳 2000 秋
343	清雍正·斗彩鸡缸杯	D8.2	港 180.5	佳 2000 秋
344	清雍正·粉彩团花碗	D15.3	港 246.5	佳 2000 秋
345	清雍正·胭脂红地粉彩花卉小碗	D9.2	港 17.6	佳 2000 秋
346	清雍正·粉青釉凸变龙莲瓣口尊	H26.7	港 554.5	佳 2000 秋
347	清雍正·粉青凸鼓纹尊	H20	港 114.5	佳 2000 秋
348	清雍正·茶叶末釉鸠耳衔环尊	H34.2	港 30.55	佳 2000 秋
349	清雍正·青花缠枝花卉纹瓶	H16	港 114.5	佳 2000 秋
350	清雍正·黄地青花束莲纹盘一对	D21.5	港 136.5	佳 2000 秋
351	清雍正·青花花卉小杯一对	D8.1	人 2.2	嘉 1997 春
352	清雍正·青花缠枝花卉盘	D21	人 3.3	嘉 1997 春
353	清雍正·青花花卉斗笠碗	D18.1	人 13.2	嘉 1997 春
354	清雍正·青花皮球花小杯一对	D10	人 10.1	嘉 1997 春
355	清雍正·青花云龙碗	D14.5	人 6.82	嘉 1997 春
356	清雍正·青花矾红云龙碟一对	D7.6	人 5.28	嘉 1997 春
357	清雍正·矾红龙纹蒜头瓶	H19	人 16.5	嘉 1997 春
358	清雍正·斗粉团菊纹碗	D14	人 3.08	嘉 1997 春
359	清雍正·黄釉小杯一对	D6.1	人 8.8	嘉 1997 春
360	清雍正·粉彩花卉碟一对	D9	人 4.95	嘉 1997 春

序号	器物名称（年代）	尺寸（cm）	价格（万元）	拍卖时间
361	清雍正·粉彩三多纹杯	D8.8	人13.2	嘉1997春
362	清雍正·豆青釉云龙大盘	D49.7	人66.0	嘉1997春
363	清雍正·祭红釉玉壶春瓶	H23.5	人18.7	嘉1997春
364	清雍正·祭红盘	1320.6	人4.4	嘉1997春
365	清雍正·仿汝釉贯耳瓶	H50	人16.0	太2001春
366	清雍正·矾红彩莲纹甘露瓶	H22	人13.1	太2001春
367	清雍正·天蓝釉盘一对	D13.2	人2.42	太2001春
368	清雍正·白釉暗刻山水人物杯	D8.4	人0.85	太2001春
369	清雍正·斗彩如意图纹碗	D13	人4.07	太2001春
370	清雍正·青花缠枝莲托八宝纹大瓶	H67	人27.5	太2001春
371	清雍正·粉彩云龙罐	H19.5	人8.8	太2001春
372	清雍正·青花花鸟小方盘一对	D7	人0.66	太2001春
373	清雍正·仿汝釉撇口瓶		人0.825	太2002春
374	清雍正·青花缠枝花卉瓶	H20	人30.8	太2002春
375	清雍正·胭脂红地粉彩牡丹花卉碗	D12.8	港69.57	苏2001秋
376	清雍正·粉彩"三多"纹杯一对	D8.7	港411.47	苏2001秋
377	清雍正·粉彩过墙枝"福寿"盘	D21	港290.47	苏2001秋
378	清雍正·粉彩过墙枝"群芳祝寿"大盘	D50.6	港207.975	苏2001秋
379	清雍正·粉彩捕渔图盘口瓶	H25.1	港8.4	苏2001秋
380	清雍正·祭红釉玉壶春瓶	H23.5	港64.62	佳2001秋
381	清雍正·粉青釉双连瓶	H10.2	港35.25	佳2001秋
382	清雍正·柠檬黄釉莲花形盘	D29	港108.5	佳2001秋
383	清雍正·青花人物笔筒	H14.2	人0.88	嘉1997秋
384	清雍正·青花双凤盘	D16	人4.0	嘉1997秋
385	清雍正·青花云龙盘一对	D17.5	人22.0	嘉1997秋
386	清雍正·青花花卉圃砚	D19.8	人11.0	嘉1997秋
387	清雍正·青花缠枝花卉碗一对	D11.8	人15.4	嘉1997秋
388	清雍正·青花花卉杯一对	D7.1	人8.8	嘉1997秋
389	清雍正·青花梵文小盘一对	D11.2	人8.8	嘉1997秋
390	清雍正·青花团凤纹大碗	D22.5	人1.98	嘉1997秋
391	清雍正·青花花卉瓶	H19.5	人2.2	嘉1997秋
392	清雍正·黄地青花花卉杯一对	D7.1	人27.5	嘉1997秋
393	清雍正·黄地绿云紫蝠碗一对	D15	人55	嘉1997秋
394	清雍正·白釉暗刻葡萄纹盘	D20	人3.85	嘉1997秋
395	清雍正·粉彩花卉盘	D16	人2.2	嘉1997秋
396	清雍正·粉彩花卉盘	D15	人4.4	嘉1997秋
397	清雍正·粉彩变龙小花插	H10	人12.1	嘉1997秋

序号	器物名称（年代）	尺寸（cm）	价格（万元）	拍卖时间
398	清雍正·青花缠枝牡丹盘一对	D13	人 4.4	嘉 2000 秋
399	清雍正·青花万寿桃盘一对	D15.8	人 9.35	嘉 2000 秋
400	清雍正·青花缠枝花卉盘一对	D15.7	人 10.78	嘉 2000 秋
401	清雍正·粉彩花蝶盘	D15	人 2.2	嘉 2000 秋
402	清雍正·粉彩八仙人物小杯	D7.9	人 1.1	嘉 2000 秋
403	清雍正·青釉花盒	H23	人 15.4	嘉 2000 秋
404	清雍正·天兰釉小水盂	H7.3	人 0.88	嘉 2000 秋
405	清雍正·黄地绿彩龙碗	D14.5	人 8.8	嘉 2000 秋
406	清雍正·黄地绿彩云龙碗	D14.1	人 27.5	嘉 2000 秋
407	清雍正·绿釉印花海水盘一对	D16.2	人 20.9	嘉 2000 秋
408	清雍正·斗彩缠枝花卉碗一对	D14.5	人 33	嘉 2000 秋
409	清雍正·斗彩花卉大盘一对	D36	人 3.52	嘉 2000 秋
410	清雍正·斗彩缠枝莲碗	D9.6	人 5.28	嘉 2000 秋
411	清雍正·斗彩缠枝花卉莲碗	D10	人 26.95	嘉 2001 秋
412	清雍正·斗彩八番进宝小碗	D10.7	人 2.2	嘉 2001 秋
413	清雍正·青花折枝花果鱼缸	D37	人 30.8	嘉 2001 秋
414	清雍正·青花松竹梅洗口瓶	H38.5	人 4.62	嘉 2001 秋
415	清雍正·粉彩牡丹图碗	D14	人 177.1	嘉 2001 秋
416	清雍正·粉彩花卉盘一对	D15	人 7.15	嘉 2001 秋
417	清雍正·粉彩荷花盘	D14.7	人 1.75	嘉 2001 秋
418	清雍正·粉彩八仙祝寿胆瓶	H41.5	人 9.68	嘉 2001 秋
419	清雍正·粉彩开光双鸭戏水大盘	D37.7	人 12.1	嘉 2001 秋
420	清雍正·青花团寿纹碗	D9.6	人 5.28	嘉 2001 春
421	清雍正·青花忍冬纹小碗一对	D7	人 11.0	嘉 2001 春
422	清雍正·青花八宝花口盘	D15	人 3.52	嘉 2001 春
423	清雍正·青花之星图观青瓶	H38	人 3.3	嘉 2001 春
424	清雍正·青花山水图蟋蟀罐	D12.3	人 2.42	嘉 2001 春
425	清雍正·粉彩高士图梅瓶	H22.5	人 96.8	嘉 2001 春
426	清雍正·祭红釉盘	D16.5	人 1.65	嘉 2001 春
427	清雍正·斗彩并蒂莲纹盘	D16.2	人 5.5	嘉 2001 春
428	清雍正·斗彩并蒂莲纹盘	D15.5	人 3.85	嘉 2001 春
429	清雍正·斗彩团龙碗一对	D13	人 30.8	嘉 2001 春
430	清雍正·青花缠枝莲托八宝高足碗	D18.3	人 3.85	嘉 2001 春
431	清雍正·仿官釉抱月瓶	H52.5	人 41.8	嘉 2000 春
432	清雍正·仿官釉钵	D16.5	人 2.2	嘉 2000 春
433	清雍正·五彩龙纹花口盘	D15.5	人 2.2	嘉 2000 春
434	清雍正·粉彩仕女对弈图盘口瓶	H39.2	人 3.85	嘉 2000 春

序号	器物名称（年代）	尺寸（cm）	价格（万元）	拍卖时间
435	清雍正·粉彩高士杯	D6.3	人 5.7	嘉 2000 春
436	清雍正·粉彩教子图盘口瓶	H50.7	人 17.6	嘉 2000 春
437	清雍正·祭兰高足杯	D17.8	人 5.178	嘉 2000 春
438	清雍正·黄地绿彩婴戏图碗	D15	人 24.12	嘉 2000 春
439	清雍正·黄地绿彩婴戏图碗	D15	人 5.72	嘉 2000 春
440	清雍正·黄釉杯	D6.7	港 9.98	佳 2001 秋
441	清雍正·胭脂红地黄菊碟	D10.7	港 55.7	苏 2001 秋
442	清雍正·胭脂红釉直口碗	H8.8	港 27.02	苏 2001 秋
443	清雍正·仿官窑铺首耳瓶	H21.5	港 30.47	苏 2001 秋
444	清雍正·红釉梅瓶	H22.5	港 14.37	苏 2001 秋
445	清雍正·白釉划花玉壶春瓶	H26.3	港 78.7	苏 2001 秋
446	清雍正·仿哥窑环耳尊	H25.5	港 16.45	苏 2001 秋
447	清雍正·炉钧釉汉壶尊	H31.7	人 72.6	嘉 2002 春
448	清雍正·斗彩三果小杯	D7	人 37.4	嘉 2002 春
449	清雍正·斗彩团菊碗	D7.8	人 3.52	嘉 2002 春
450	清雍正·斗彩团花纹小碗	D7.8	人 3.52	嘉 2002 春
451	清雍正·仿哥釉琮式瓶	H24	人 26.4	嘉 2002 春
452	清雍正·仿汝釉双耳尊	H50	人 33.0	嘉 2002 春
453	清雍正·鸡油黄釉盘一对	D14.6	人 25.3	嘉 2002 秋
454	清雍正·金釉盘	D15.2	人 27.5	嘉 2002 秋
455	清雍正·青花菊花纹笔筒	D15	人 49.5	嘉 2003 春
456	清雍正·茶叶末釉双耳瓶	H34.5	人 17.05	嘉 2003 春
457	清乾隆·青花鱼龙纹高足杯	H22.7	人 6.6	嘉 1996 春
458	清乾隆·青花缠枝莲纹盘口尊	H38	人 68.2	嘉 1996 春
459	清乾隆·青花穿花龙凤纹大天球瓶	H56.5	人 33.0	嘉 1996 春
460	清乾隆·青花缠枝莲鹿头尊	H44	人 49.5	嘉 1996 春
461	清乾隆·青花云龙双耳扁瓶	H30.5	人 33.0	嘉 1996 春
462	清乾隆·黄地绿彩龙纹花口碟一对	D13.2	人 14.3	嘉 1996 春
463	清乾隆·青花缠枝莲赏瓶	H37	人 12.1	嘉 1996 秋
464	清乾隆·青花缠枝莲蒜头瓶	H29.5	人 68.2	嘉 1996 秋
465	清乾隆·青花缠枝花纹天球瓶	H45	人 4.4	嘉 1996 秋
466	清乾隆·青花岁寒三友图盘一对	D18.2	人 79.2	嘉 1996 秋
467	清乾隆·青花海水龙纹高足盘	D23.8	港 10.35	苏 1996 春
468	清乾隆·青花釉里红水波云龙双耳扁瓶	H30.5	港 68.0	苏 1996 秋
469	清乾隆·青花云鹤爵杯座	H16.5	港 3.45	苏 1996 秋
470	清乾隆·粉彩缠枝花卉八吉祥觚	H36.5	港 13.8	苏 1996 秋
471	清乾隆·粉彩缠枝八吉祥贲巴壶	H19.3	港 8.62	佳 1996 春

序号	器物名称（年代）	尺寸（cm）	价格（万元）	拍卖时间
472	清乾隆·粉彩淡绿双耳撇口瓶	H23.2	港 43.7	苏 1996 春
473	清乾隆·粉彩梅花青竹碗	D11.7	港 23.0	苏 1996 春
474	清乾隆·仿汝窑赏瓶	H38.1	港 17.25	苏 1996 春
475	清乾隆·炉钧釉灯笼瓶	H23.5	港 7.47	苏 1996 春
476	清乾隆·斗彩团花卷草纹缸	H32.7	港 288	苏 1996 春
477	清乾隆·柠檬黄彩碟一对	D11.5	港 8.62	苏 1996 春
478	清乾隆·仿官窑八方尊	H33.3	港 6.9	苏 1996 春
479	清乾隆·粉彩福如东海碗一对	D13	人 16.5	嘉 1997 春
480	清乾隆·豆青釉葫芦瓶	H32.8	人 28.6	嘉 1997 春
481	清乾隆·仿哥臂搁	L22.5	人 3.52	嘉 1997 春
482	清乾隆·祭红釉鸡心碗一时	D15.3	人 4.4	嘉 1997 春
483	清乾隆·祭红盘一对	D16.5	人 2.2	嘉 1997 秋
484	清乾隆·祭红高足碗	D19.2	人 3.3	嘉 1997 秋
485	清乾隆·豆青釉蒜头双耳瓶	H19.8	人 1.65	嘉 1997 秋
486	清乾隆·仿哥贯耳六方瓶	H47	人 19.8	嘉 1997 秋
487	清乾隆·青花缠枝莲托八宝洗一对	D22.4	人 66	嘉 2000 秋
488	清乾隆·青花花卉锦纹壮罐	H28.5	人 4.18	嘉 2000 秋
489	清乾隆·青花缠枝花卉贯耳瓶	H19.9	人 28.6	嘉 2000 秋
490	清乾隆·青花缠枝花卉天球瓶	H57.8	人 44	嘉 2000 秋
491	清乾隆·青花缠枝花卉铺首尊	H35.3	人 19.8	嘉 2000 秋
492	清乾隆·青花竹石芭蕉玉壶春瓶	H28.8	人 6.38	嘉 2000 秋
493	清乾隆·仿汝釉花觚	H17	人 23.1	嘉 2000 秋
494	清乾隆·青花锦纹壮罐	H29	人 7.48	嘉 2001 秋
495	清乾隆·青花缠枝莲贯耳尊	H52.8	人 16.5	嘉 2001 秋
496	清乾隆·冬青釉鼓钉罐	H16.5	人 5.5	嘉 2001 秋
497	清乾隆·粉彩仙人聚会图大碗	D19	港 9.98	佳 2000 秋
498	清乾隆·唐英制青花缠枝莲花觚	H63.8	港 70.5	佳 2000 春
499	清乾隆·豆青釉带盖葫芦瓶	H34.3	港 17.6	佳 2000 春
500	清乾隆·青花折枝花卉蒜头瓶	H28	港 47	佳 2000 秋
501	清乾隆·青釉堆白诗文鹿头尊	H37	人 5.72	太 2002 春
502	清乾隆·豆青釉月耳罐	H19	人 3.3	太 2001 秋
503	清乾隆·青花竹石芭蕉玉壶春瓶	H29.5	人 45.1	嘉 2001 春
504	清乾隆·青花缠枝花卉贯耳瓶	H19.8	人 26.4	嘉 2001 春
505	清乾隆·青花龙纹盘	D17	人 2.2	嘉 2001 春
506	清乾隆·矾红缠枝西番莲小杯一对	D7	人 8.8	嘉 2001 春
507	清乾隆·青花缠枝莲贯耳尊	H52.2	人 45.1	嘉 2000 春
508	清乾隆·青花缠枝莲蓬口瓶	H20.7	人 116.6	嘉 2002 秋

序号	器物名称（年代）	尺寸（cm）	价格（万元）	拍卖时间
509	清乾隆·青花缠枝花纹水呈	135	人29.7	嘉2002秋
510	清乾隆·粉青釉缠枝莲寿字纹小花插	H7.8	人46.2	嘉2003春
511	清乾隆·仿龙泉釉刻缠枝莲纹尊	H21.8	人115.5	嘉2003春
512	清乾隆·青花折枝花果纹六楞瓶	H66	人177.1	嘉2003春
513	明永乐·青花缠枝纹如意开光式"莲纹"执壶	H28	人1635	苏2010春
514	明永乐·青花缠枝花卉纹花口盘	D38	人528	佳2010春
515	明永乐·青花披肩花缠枝莲纹盖罐	H27.5	人1400	保2010秋
516	明永乐·青花海水葡萄纹大盘	D38	人649	翰2010秋
517	明宣德·青花云龙纹十棱洗	D20.7	人2688	保2010秋
518	明宣德·青花折枝花果纹葵口碗	D22.6	人791	佳2010春
519	明宣德·青花轮花绶带葫芦扁瓶	H26	人2306	苏2010秋
520	明成化·青花荷塘罐	H10.3	人1904	翰2010秋
521	明正德·黄地青花石榴花纹盘	D29.5	人497	佳2010秋
522	明正德·青花灵芝纹阿拉伯文五峰笔山	长21.9	人393	佳2010秋
523	明嘉靖·青花"鱼藻"纹大碗	D37.5	人80	苏2010春
524	明嘉靖·青花"鱼藻"纹缸	D42	人168	保2010秋
525	明万历·青花云龙纹方盒	长17.3	人36	嘉2010春
526	明万历·青花龙纹笔杆	长20	人33	保2010春
527	明万历·青花高士人物提梁壶	H23.5	人87	保2010秋
528	明万历·青花莲花形盘	D19.2	人50	嘉2010春
529	明万历·青花"游龙图"笔山	长15.2	人49	苏2010春
530	明崇祯·青花人物故事笔筒	H21.3	人128	翰2010春
531	明天启·青花米万钟制洞石花卉出戟觚	H32	人1232	保2010秋
532	明·青花折枝花果梅瓶	H36	人336	保2010春
533	清康熙·青花留白云龙纹小碗（一对）	D10.3	人24	保2010春
534	清康熙·青花圣主得贤臣颂笔筒	H6.3	人128	翰2010春
535	清康熙·青花福寿康宁碗	D13	人173	翰2010秋
536	清雍正·青花龙纹碗（一对）	D9.5	人44	保2010春
537	青雍正·青花龙纹捧寿大盘	D45	人123	保2010春
538	清雍正·青花灵芝纹八方小瓶	H11	人33	保2010春
539	清雍正·黄地青花花卉小玉壶春瓶	H9	人207	保2010秋
540	清雍正·黄地青花缠枝花仿汉壶尊	H34.5	人3360	保2010秋
541	清乾隆·青花山茶花纹太平有象瓶	H27	人1624	嘉2010秋
542	清乾隆·青花岁寒三友盘（一对）	D17.8	人47	保2010春
543	清乾隆·青花山水人物双龙耳扁瓶	H52	人515	保2010秋
544	清乾隆·青花三果梅瓶	H32.4	人772	翰2010春
545	清乾隆·青花折枝花果六方瓶	H68.7	人795	翰2010春

序号	器物名称（年代）	尺寸（cm）	价格（万元）	拍卖时间
546	清乾隆·青花折枝花果带盖执壶	H29	人 190	保 2010 春
547	清乾隆·青花海水蝠纹马蹄碗	D14.7	人 16	保 2010 春
548	清乾隆·青花花卉开光花果纹执壶	H29.9	人 257	翰 2010 春
549	清乾隆·青花开光式"八吉祥"灵芝耳大扁壶	H49	人 740	苏 2010 春
550	清乾隆·青花缠枝双如意耳葫芦瓶	H18.1	人 740	苏 2010 春
551	清乾隆·青花缠枝贯耳尊	H50.8	人 893	佳 2010 春
552	清乾隆·青花福庆有余团龙小鹿头尊	H31	人 403	保 2010 春
553	清乾隆·青花海水云龙纹镗锣（一对）	D15.4	人 187	佳 2010 秋
554	清乾隆·青花鹤鹿同春胆式瓶	H26.3	人 1512	保 2010 秋
555	清乾隆·青花缠枝莲纹天球瓶	H38.8	人 1108	翰 2010 秋
556	清乾隆·青花穿花龙纹梅瓶	H33	人 3581	保 2010 春
557	清乾隆·青花缠枝莲绶带耳如意尊	H233	人 2079	佳 2010 秋
558	清乾隆·青花缠枝花卉缸	D22.7	人 280	翰 2010 春
559	清乾隆·青花缠枝花卉赏瓶	H36.5	人 179	翰 2010 春
560	清乾隆·青花八仙碗	D15	人 26	保 2010 春
561	清乾隆·青花缠枝花卉纹叶形洗	长 13	人 295	苏 2010 秋
562	清乾隆·柠檬黄地青花九桃盘	D26.8	人 246	保 2010 秋
563	清嘉庆·青花八吉祥纹三足炉	D22	人 49	保 2010 春
564	清嘉庆·青花水波祥云"九龙"图撇口瓶	H30.5	人 191	苏 2010 春
565	明永乐·青花如意垂肩折枝花果梅瓶	H36.5	人 13830	苏 2011 秋
566	明永乐·青花岁寒三友纹大盘	D34	人 1470	苏 2011 春
567	明永乐·青花缠枝花卉寿桃纹执壶	H26.5	人 375	苏 2011 秋
568	明永乐·青花折枝寿桃花果大碗	D34	人 2530	保 2011 春
569	明永乐·青花折枝月季纹折沿大盘	D37.5	人 592	苏 2011 秋
570	明宣德·青花高足杯	H7.5	人 589	佳 2011 秋
571	明宣德·青花折枝花果纹碗	D29.5	人 880	苏 2011 春
572	明宣德·青花折枝花卉八方烛台	H28	人 1955	嘉 2011 春
573	明宣德·青花花卉纹碗	D20.6	人 852	佳 2011 春
574	明宣德·青花缠枝花卉纹豆	H10.5	人 473	苏 2011 秋
575	明宣德·青花缠枝花卉纹花浇	D13.1	人 607	苏 2011 春
576	明宣德·青花鱼藻纹棱口洗	D18	人 4299	苏 2011 春
577	明成化·青花缠枝莲瓜棱甘露瓶	H28	人 1725	保 2011 秋
578	明成化·青花内梵文海石榴纹卧足碗	D13	人 5117	保 2011 秋
579	明弘治·青花龙纹盘	D21.8	人 598	保 2011 春
580	明正德·青花灵芝纹开光阿拉伯文罐	H36.5	人 880	佳 2011 春
581	明嘉靖·青花"福寿齐天"婴戏大葫芦瓶	H62	人 138	保 2011 春
582	明万历·青花"四爱图"连盖大梅瓶	H72	人 444	苏 2011 秋

序号	器物名称（年代）	尺寸（cm）	价格（万元）	拍卖时间
583	明万历·青花龙凤穿花纹蒜头瓶	H55.2	人 1002	佳 2011 春
584	明万历·青花人物图折沿八棱盒	D38	人 607	苏 2011 春
585	明万历·青花婴戏图纹圆盖盒	D22.6	人 304	苏 2011 春
586	明万历·青花鱼藻纹大缸	D56.5	人 222	佳 2011 春
587	明万历·青花牡丹纹高足碗	D15.3	人 503	佳 2011 春
588	明万历·青花海水飞兽纹高足杯	D10	人 426	苏 2011 春
589	明天启·青花折枝花卉碗	D14	人 172	保 2011 春
590	明崇祯·青花人物提梁壶	H28	人 18	保 2011 秋
591	清康熙·青花郭子仪祝寿大棒槌瓶	H78	人 143	保 2011 秋
592	清康熙·青花缠枝牡丹纹执壶	H29.2	人 57	嘉 2011 春
593	清康熙·青花人物大花觚	H43.4	人 71	佳 2011 春
594	清康熙·青花海水云龙纹观音瓶	H45.5	人 82	苏 2011 春
595	清康熙·青花团凤瑞兔叠盒	H18	人 460	保 2011 春
596	清康熙·青花云龙戏珠纹直口盘	D13.8	人 38	苏 2011 秋
597	清康熙·青花万寿尊赋文字大笔筒	D18.5	人 69	保 2011 秋
598	清雍正·青花蒜头瓶	H10.5	人 246	佳 2011 秋
599	清雍正·青花仙人纳福尊	H22	人 1552	保 2011 春
600	清雍正·青花缠枝花卉铺首尊	H24.5	人 1035	保 2011 春
601	清雍正·青花仿明牵牛花折方瓶	H17.3	人 1018	苏 2011 秋
602	清雍正·青花如意万寿盘（一对）	D21	人 103	保 2011 春
603	清乾隆·青花折枝花果纹梅瓶	H32	人 2300	翰 2011 春
604	清乾隆·青花八吉祥纹抱月瓶	H34.5	人 1725	翰 2011 春
605	清乾隆·青花折枝花果纹六方瓶	H66.5	人 1380	嘉 2011 秋
606	清乾隆·青花并蒂莲纹蒜头瓶	H29	人 1322	保 2011 春
607	清乾隆·青花蝠桃纹抱月瓶	H24.5	人 437	保 2011 春
608	清乾隆·青花缠枝莲纹盘口瓶	H38.1	人 2645	翰 2011 春
609	清乾隆·青花缠枝莲纹天球瓶	H54.6	人 2533	苏 2011 秋
610	清乾隆·青花缠枝莲纹贯耳瓶	H52.5	人 943	嘉 2011 秋
611	清乾隆·青花黄地折枝花卉梅瓶	H33	人 5980	保 2011 春
612	清乾隆·青花云龙纹小缸	D21	人 230	嘉 2011 秋
613	清道光·青花福寿花卉如意耳抱月瓶	H24.5	人 448	翰 2011 春
614	清道光·青花缠枝花卉铺首耳尊	H25.2	人 230	嘉 2011 春
615	清道光·青花云龙纹碗	D14.7	人 89	嘉 2011 春
616	清道光·青花岁寒三友图小天球瓶	H16.7	人 218	嘉 2011 春
617	明永乐·青花缠枝牡丹纹执壶	H27.8	人 684	苏 2012 春
618	明永乐·青花缠枝花卉纹碗	D17	人 276	保 2012 春
619	明永乐·青花四季花卉纹菱口大盘	D38	人 517	保 2012 春

序号	器物名称（年代）	尺寸（cm）	价格（万元）	拍卖时间
620	明宣德·青花卷草纹笔管	长14.3	人411	苏2012春
621	明宣德·青花暗海水游龙高足碗	D15.4	人9159	苏2012春
622	明弘治·青花栀子花纹盘	D26	人235	苏2012春
623	明弘治·黄地青花栀子花纹盘	D20	人99	苏2012春
624	明正德·黄地青花栀子花纹盘	D25	人287	保2012春
625	明嘉靖·青花龙凤纹卧足洗	D13.5	人75	保2012春
626	明嘉靖·青花九龙大盘	D53.5	人287	保2012春
627	明万历·青花出戟花觚	H22	人313	苏2012春
628	明万历·青花老子出关图折沿盆	D35.7	人175	佳2012秋
629	明崇祯·青花香山九老图笔筒	D23.7	人89	嘉2012春
630	明崇祯·青花高仕图葫芦瓶	H31.9	人84	佳2012春
631	明崇祯·青花状元荣归筒瓶	H46.5	人97	保2012秋
632	清康熙·青花四季花卉纹方瓶	H54.7	人55	嘉2012春
633	清康熙·青花鹤鹿同春大棒槌瓶	H72	人149	保2012春
634	清康熙·青花龙戏珠纹花觚	H44.5	人108	佳2012春
635	清康熙·青花万寿字笔筒	D19.4	人322	嘉2012秋
636	清康熙·青花人物故事笔筒	D18	人87	保2012春
637	清康熙·青花山水人物图笔筒	D18.6	人32	嘉2012春
638	清雍正·青花穿花龙纹大盘	D50.5	人217	苏2012秋
639	清雍正·青花忍冬纹杯（一对）	D6.8	人24	保2012秋
640	清乾隆·青花折枝花果纹梅瓶	H32.3	人737	苏2012秋
641	清乾隆·青花缠枝莲高足杯	H8.5	人20	保2012秋
642	清嘉庆·青花海水九龙天球瓶	H30	人690	翰2012春
643	明洪武·釉里红缠枝花卉执壶	H33.7	人184	翰2010春
644	清康熙·釉里红缠枝花卉葫芦瓶	H18	人525	苏2010秋
645	清乾隆·釉里红穿枝螭龙葫芦瓶	H34	人3803	苏2010秋
646	清雍正·釉里红五蝠碗（二件）	D15	人91	翰2010秋
647	清乾隆·釉里红双凤象耳扁方尊	H22.5	人336	翰2010秋
648	清乾隆·釉里红缠枝莲梅瓶	H24.5	人459	保2010春
649	清乾隆·釉里红灵仙祝寿撇口瓶	H25	人246	保2010春
650	明洪武·釉里红"寿鞠图"花口盘	D45.5	人3450	苏2011春
651	清乾隆·釉里红海水云龙梅瓶	H38	人207	保2011春
652	清乾隆·釉里红螭龙穿花双系尊	H10	人1725	保2011春
653	清康熙·釉里红摇铃尊	H22.8	人967	佳2011秋
654	清康熙·釉里红团龙碗	D14.6	人149	苏2011秋
655	清雍正·釉里红九龙杯	D6	人805	保2011春
656	清康熙·釉里红团花摇铃尊（一对）	H22	人2415	嘉2011春

序号	器物名称（年代）	尺寸（cm）	价格（万元）	拍卖时间
657	明洪武·釉里红缠枝花卉玉壶春瓶	H32	人506	保2012春
658	明洪武·釉里红缠枝花卉大碗	D41	人287	嘉2012秋
659	清康熙·釉里红三果碗	D15.5	人57	保2012春
660	清雍正·釉里红撇口碗	D15.4	人138	苏2012春
661	清康熙·釉里红寿字莲花盘	D21.2	人21	嘉2012春
662	清康熙·斗彩团寿纹盘	D21.1	人80	嘉2010秋
663	清康熙·斗彩荷塘鸳鸯花盆（一对）	长34.7	人31	嘉2010秋
664	清康熙·斗彩八吉祥折腰盘	D26.3	人201	佳2010春
665	清雍正·斗彩云龙纹水盂	D9	人128	保2010秋
666	清雍正·斗彩寿山福海纹盘	D15.4	人73	保2010春
667	清雍正·斗彩三多杯	D7.1	人246	嘉2010春
668	清雍正·斗彩缠枝番莲纹长颈瓶	H25	人942	佳2010春
669	清雍正·斗彩鸡缸碗	D15	人470	保2010春
670	清雍正·斗彩八仙撇口碗（一对）	D10.6	人1041	佳2010春
671	清雍正·斗彩"五色祥云"撇口胆瓶	H25.5	人1930	苏2010春
672	清乾隆·斗彩团菊纹罐	H11.2	人56	保2010秋
673	清乾隆·斗彩团菊纹尊	H22	人168	嘉2010秋
674	清乾隆·斗彩宝相花葵式三足盘	D21.3	人839	苏2010秋
675	清康熙·斗彩荷花杯（一对）	D6	人322	保2011秋
676	清康熙·斗彩团鹤花草碗	D15	人162	佳2011春
677	清康熙·斗彩指日高升笔筒	D17.8	人92	保2011秋
678	清雍正·斗彩碗	D20.6	人314	佳2011秋
679	清雍正·斗彩如日方中高足杯	D8.6	人1248	苏2011秋
680	清雍正·斗彩"皮球花"碗（一对）	D10.2	人951	苏2011春
681	清雍正·斗彩绿龙盘（一对）	D21	人230	保2011春
682	清乾隆·斗彩八吉祥赶珠云龙罐	H20	人188	苏2011秋
683	清乾隆·斗彩团花卷草纹缸	D32.5	人920	嘉2011秋
684	清道光·斗彩团花纹马蹄碗（一对）	D15.2	人82	佳2011春
685	清道光·斗彩团菊罐（一对）	H12	人203	苏2011春
686	清康熙·斗彩摇铃尊	H10.4	人177	佳2012春
687	清康熙·斗彩八吉祥云龙绿彩罐	H19.7	人172	翰2012秋
688	清雍正·斗彩松鼠葡萄纹葫芦瓶	H12.2	人1237	苏2012春
689	清雍正·斗彩鸡缸碗	D15.4	人805	苏2012春
690	清雍正·斗彩鸡缸杯	D9.2	人368	保2012秋
691	清乾隆·斗彩缠枝团花大缸	D33	人402	保2012秋
692	清嘉庆·斗彩团花马蹄碗	D15.5	人40	翰2012春
693	清道光·斗彩八宝龙纹盖罐	H21	人241	保2012春

序号	器物名称（年代）	尺寸（cm）	价格（万元）	拍卖时间
694	明万历·五彩龙凤纹笔船	长31.2	人620	佳2010秋
695	明万历·五彩龙纹长方盖盒	长29.5	人302	保2010秋
696	明万历·五彩四爱图水盂	D12	人117	保2010秋
697	清康熙·五彩山水人物凤尾尊	H79	人56	嘉2010秋
698	清康熙·五彩龙凤赶珠纹碗（一对）	D13	人233	佳2010春
699	清康熙·五彩钟馗图棒槌瓶	H46	人25	嘉2010秋
700	清康熙·五彩"寿"字桃纹小盘	D7	人383	佳2010秋
701	清雍正·珊瑚红地五彩"九秋同庆"盘	D11.3	人276	苏2010春
702	清雍正·珊瑚红地五彩"九秋同庆"碗	D13	人358	保2010秋
703	清康熙·五彩赤鲤朝日纹洗	D14.4	人94	嘉2010秋
704	清同治·五彩忍冬纹盘（一对）	D21.9	人12	翰2010秋
705	明嘉靖·五彩葡萄纹小杯	D8.3	人89	嘉2011春
706	明嘉靖·五彩鱼藻纹大罐	H34.5	人1725	翰2011春
707	明万历·五彩花鸟莲池蒜头瓶	H53.9	人506	苏2011春
708	明万历·五彩水波云龙图笔管	H18.5	人444	苏2011春
709	清康熙·五彩人物故事棒槌瓶	H43	人126	保2011春
710	清康熙·五彩人物故事凤尾尊	H78.3	人103	保2011春
711	清康熙·五彩果鸟图卧足碗	D12.8	人1281	苏2011春
712	清康熙·珊瑚红地五彩"九秋同庆"碗（一对）	D10.9	人1187	苏2011春
713	清雍正·珊瑚红地五彩牡丹碗（一对）	D13	人992	佳2011春
714	清嘉庆·珊瑚红地五彩婴戏图碗	D21	人122	佳2011春
715	明嘉靖·五彩鱼藻纹大罐	H33.5	人1495	嘉2012春
716	明嘉靖·五彩鱼藻纹大罐	H34.1	人635	佳2012春
717	明万历·五彩双龙赶珠罐	H11.2	人255	苏2012春
718	明万历·五彩开光游龙戏珠笔筒	H15.4	人302	苏2012秋
719	清康熙·五彩仕女雅集图棒槌瓶	H44.8	人184	嘉2012秋
720	清康熙·五彩锦上添花凤尾尊	H45.7	人197	苏2012秋
721	清雍正·五彩山水人物笔筒	H15.3	人3450	翰2012春
722	清道光·五彩龙凤纹碗	D16.1	人69	翰2012春
723	清雍正·粉彩玉堂富贵碗（一对）	D10.1	人1926	佳2010春
724	清雍正·粉彩过枝福寿盘（一对）	D13.4	人1434	佳2010春
725	清雍正·粉彩仕女图茶壶	宽27	人4	嘉2010春
726	清雍正·粉彩福寿双全八桃五蝠碗	D15.5	人336	保2010春
727	清乾隆·黄地粉彩八吉祥喷巴壶	H26.5	人1232	翰2010秋
728	清乾隆·粉彩题诗鸡缸杯	D8.2	人338	佳2010春
729	清乾隆·粉彩鸡缸杯	D8	人224	嘉2010秋
730	清乾隆·粉彩福禄鹿头尊	H44.3	人1108	翰2010秋

序号	器物名称（年代）	尺寸（cm）	价格（万元）	拍卖时间
731	清乾隆·粉彩百花不露地葫芦瓶	H32	人2240	保2010秋
732	清雍正·粉彩过枝月季梅花图大盘	D50.2	人4095	苏2011秋
733	清雍正·粉彩福寿纹碗	D14.4	人1495	翰2011秋
734	清雍正·粉彩木釉开光花卉笔筒	H14.5	人78	保2011春
735	清乾隆·粉彩九桃天球瓶	H51	人7401	苏2011秋
736	清乾隆·粉彩"百子图"贯耳方瓶	H32.5	人880	苏2011秋
737	清乾隆·粉彩御题诗鸡缸杯	D8	人345	保2011春
738	清雍正·粉彩福寿双全团花纹碗	D9.2	人541	苏2012秋
739	清乾隆·粉彩描金无量佛坐像	H29	人1081	嘉2012秋
740	清嘉庆·粉彩海屋添寿双耳瓶	H31.7	人1725	翰2012春
741	清嘉庆·粉彩十八罗汉图大笔筒	D18.8	人17	嘉2012春
742	清道光·粉彩十二金钗灯笔瓶	H25	人345	翰2012春
743	清康熙·粉青釉暗刻夔凤纹笔筒	H15.3	人42	翰2010秋
744	清康熙·豇豆红釉镗锣洗	D11.2	人358	嘉2010秋
745	清康熙·豇豆红釉柳叶瓶	H16	人280	保2010秋
746	清雍正·祭红橄榄瓶	H30.5	人280	翰2010秋
747	清乾隆·祭红梅瓶	H21	人96	嘉2010秋
748	清康熙·御制黄釉大碗	D31.4	人159	佳2010春
749	清道光·黄釉雕瓷山水人物笔筒	H13.5	人48	翰2010秋
750	清雍正·窑变釉盖碗双耳尊	H21.5	人537	翰2010秋
751	清雍正·窑变釉菱口洗	D20.6	人98	保2010秋
752	清康熙·豇豆红团螭纹太白尊	H8.5	人184	保2011春
753	明弘治·黄釉碗	D20.2	人253	嘉2011秋
754	明嘉靖·黄釉铃铛杯（一对）	D12	人486	苏2011春
755	清雍正·窑变釉双兽耳瓶	H34.5	人589	佳2011秋
756	清乾隆·仿哥贯耳方瓶	H49.5	人621	保2011秋
757	清光绪·窑变釉贯耳方瓶	H30	人25	嘉2011秋
758	清雍正·茶叶末釉大画缸	H33.8	人552	翰2011秋
759	清康熙·豇豆红太白尊	D12.7	人157	苏2012春
760	清康熙·豇豆红镗锣洗	D8.2	人276	苏2012春
761	明正德·黄釉盘	D21	人74	保2012秋
762	明宣德·黄釉撇口仰钟式碗	D15.2	人2193	苏2012春
763	清雍正·柠檬黄釉盘	D14.6	人139	苏2012春
764	清乾隆·黄釉碗（一对）	D12.6	人109	苏2012春
765	清雍正·仿哥釉五孔瓶	H27.5	人1127	嘉2012春
766	清乾隆·炉钧釉如意耳尊	H25.7	人345	翰2012秋
767	清乾隆·窑变釉双耳炉	H16.7	人492	苏2012秋

序号	器物名称（年代）	尺寸（cm）	价格（万元）	拍卖时间
768	明永乐·青花花卉纹墩式瓷	D18.2	人1437.5	保2013春
769	明永乐·青花瑞果纹梅瓶	H28.5	人715.2	佳2013春
770	明永乐·青花鸡心碗	D10.2	人532.5	苏2013春
771	明永乐·青花花卉菱口盘	D38	人322	嘉2013春
772	明永乐·青花缠枝花卉棱口折沿盘	D33.7	人445.7	苏2013春
773	明宣德·青花内折枝花果外缠枝藩莲墩式碗	D24.2	人234.1	苏2013春
774	明宣德·青花轮花纹绶带耳葫芦式扁瓶	D24.5	人2210.2	苏2013春
775	明宣德·青花莲子碗	D20.8	人591.6	佳2013春
776	明宣德·青花缠枝花卉纹馒头碗	D17.3	人380.4	佳2013春
777	明宣德·青花缠枝花藏文题诗碗	D15	人773.1	苏2013春
778	明正德·穿花龙纹碗	D23.2	人616.2	佳2013春
779	明正德·穿花游龙纹碗	D21	人94	苏2013春
780	明隆庆·青瑞枝花云龙杂宝纹盖盒	D32.7	人580.6	苏2013秋
781	明成化·青花十六子婴戏图碗	D21.5	人757.7	佳2013秋
782	明成化·青花莲托八宝纹盘	D19.1	人267.2	佳2013春
783	明弘治·青花云龙纹盘	D22	人206.5	佳2013春
784	明成化·青花缠枝秋葵纹碗	D14.5	人1143.8	苏2013秋
785	明弘治·黄地青花栀子花纹盘	D26.3	人569	佳2013秋
786	明弘治·黄地青花折枝花果纹盘	D26.2	人230	保2013春
787	明嘉庆·青花群仙祝寿大葫芦瓶	H56	人2127.5	保2013秋
788	明嘉庆·青花福禄寿大罐	H34	人212.7	保2013秋
789	明嘉庆·青花缠枝花卉龙纹大盘	D77	人954.5	翰2013秋
790	明嘉庆·青花婴戏图倭角四方盒盘	宽15.7	人87.9	佳2013春
791	明万历·青花双龙戏珠纹八陵洗	D35	人92.2	嘉2013春
792	明嘉靖·黄地青花缠枝莲纹水呈	D10.7	人55.2	嘉2013春
793	明万历·青花龙纹鱼耳炉	长21.4	人55.2	嘉2013春
794	明万历·青花地留白海兽纹高足杯	D8.2	人154.4	佳2013春
795	明万历·青花龙凤呈祥执壶	H20.1	人191.7	佳2013秋
796	清顺治·青花竹石花鸟纹花觚	H50.1	人51.7	翰2013春
797	清康熙·青花万寿瓶	H76.7	人5071.2	佳2013秋
798	清康熙·青花松竹梅纹斗笠碗	D22	人345	嘉2013春
799	清康熙·青花花鸟蝶纹瓢	D42	人125.9	佳2013春
800	清康熙·青花菊花花神杯	D6.5	人97.4	佳2013春
801	清康熙·青花海兽直径瓶	H27	人322	翰2013秋
802	清雍正·青花折枝花果玉壶春瓶	H29.5	人258.7	保2013秋
803	清雍正·青花喜相缝团蝶纹弦纹尊	H23.7	人64.1	佳2013春
804	清雍正·青花三多纹罐	H25.5	人402.5	嘉2013秋

序号	器物名称（年代）	尺寸（cm）	价格（万元）	拍卖时间
805	清雍正·青花仿永宣留白暗刻龙纹瓶	D14.5	人 312.7	保 2013 春
806	清雍正·青花仿明缠枝卷叶莲纹大碗	D23	人 145.1	苏 2013 秋
807	清雍正·黄地仿明缠枝花卉纹扁壶	H42	人 498	嘉 2013 春
808	清雍正·青花淡描双勾竹纹梅瓶	H35	人 1150	翰 2013 春
809	清雍正·青花缠枝花卉双耳扁瓶	H37	人 902.6	苏 2013 秋
810	清雍正·青花缠枝花卉如意耳抱月瓶	H53.2	人 1165	翰 2013 秋
811	清雍正·青花岁寒三友图罐	H16.7	人 154.6	苏 2013 秋
812	清雍正·青花折枝花果图凸莲瓣瓶	H42.3	人 3632.5	苏 2013 秋
813	清雍正·黄地青花三多花口高足碗	D15.5	人 138	保 2013 春
814	清雍正·青花宝相花三多八宝折沿大盘	D4.5	人 414	保 2013 秋
815	清乾隆·青花竹石芭蕉玉壶春瓶	H28.5	人 161	保 2013 春
816	清乾隆·青花龙生九子灵芝花口瓶	H36.3	人 299	保 2013 春
817	清乾隆·青花折枝花卉纹梅瓶	H32	人 852	佳 2013 秋
818	清乾隆·青花三清图诗文茶碗	D11.3	人 44.8	嘉 2013 春
819	清乾隆·青花花卉三多六方瓶	H43.5	人 9.2	翰 2013 秋
820	清乾隆·青花莲纹梵文兽钮钟	H14.3	人 1231.5	佳 2013 春
821	清乾隆·青花云龙纹瓶	D14.1	人 41.5	佳 2013 春
822	清乾隆·青花多子福禄寿八棱尊	H74	人 310.5	嘉 2013 春
823	清乾隆·青花缠枝莲大碗	D28.8	人 63.25	保 2013 春
824	清乾隆·青花缠枝莲纹瓶	H47.7	人 1549.9	佳 2013 秋
825	清乾隆·青花缠枝莲花卉海浪纹贯耳尊	H52.5	人 1322.5	保 2013 春
826	清乾隆·青花缠枝花卉贯耳瓶	H42	人 885.5	保 2013 秋
827	清乾隆·青花缠枝花卉太白罐	H32.5	人 207	保 2013 秋
828	清乾隆·青花缠枝番莲托八吉祥纹壶	H49	人 855.2	苏 2013 秋
829	清乾隆·青花缠枝莲八宝盉壶	宽 23.5	人 276	保 2013 春
830	清乾隆·黄地青花一把莲纹盘	D21.5	人 109	苏 2013 秋
831	清道光·青花折枝花果执壶	H26	人 218.5	保 2013 春
832	清道光·青花岁寒三友腰形碗（两件）	长 26.4	人 103.5	翰 2013 春
833	清道光·青花芭蕉竹石纹玉壶春瓶	H28.6	人 163.9	佳 2013 春
834	清同治·青花竹石芭蕉玉壶春瓶	H29	人 74.5	保 2013 春
835	清光绪·青花双凤纹盘（一对）	D16.5	人 10.5	嘉 2013 春
836	清光绪·青花天下第一泉盖罐（一对）	H40	人 264.5	嘉 2013 秋
837	明洪武·釉里红缠枝花卉墩式大碗	D21	人 345	保 2013 春
838	明洪武·釉里红缠枝花卉执壶	H33.7	人 172.5	翰 2013 秋
839	清康熙·釉里红夔凤纹尊	H17.7	人 164.1	苏 2013 秋
840	清康熙·釉里红花卉纹苹果尊	D9.5	人 616.2	佳 2015 秋
841	清雍正·釉里红三鱼纹高足碗	D15.5	人 137.9	苏 2013 春

序号	器物名称（年代）	尺寸（cm）	价格（万元）	拍卖时间
842	清乾隆·青花釉里红匡庐图灯笼瓶	H47	人 907.3	嘉 2013 秋
843	清乾隆·青花釉里红寿字撇口瓶	H20	人 74.7	翰 2013 春
844	清雍正·青花釉里红喜上眉梢涂直口尊	H40	人 145.1	苏 2013 秋
845	清雍正·青花釉里红八仙图碗（一对）	D12	人 23	嘉 2013 秋
846	明宣德·青花矾红彩海鲁兽图高足杯	D9.9	人 6283.5	苏 2013 秋
847	明隆庆·青花矾红水波九龙图小碗	D8	人 484.4	苏 2013 春
848	清乾隆·青花胭脂红云龙梅瓶	H30.4	人 342.7	翰 2013 秋
849	清乾隆·青花加洋彩榴开百子纹小梅瓶	H15.5	人 1142.8	佳 2013 春
850	清乾隆·青花红彩云龙纹笔杆	长 31	人 189.7	嘉 2013 秋
851	清道光·矾红地青花海八怪大碗（一对）	D21.2	人 89.7	保 2013 秋
852	清道光·青花矾红云龙纹印盒	D8.4	人 41.4	嘉 2013 秋
853	明万历·斗彩开光瑞果纹大碗	D22.8	人 268.4	佳 2013 春
854	清乾隆·斗彩莲托八宝纹圆罐	D11	人 249.4	佳 2013 春
855	清乾隆·斗彩绿龙盖罐（一对）	H21	人 322	保 2013 春
856	清雍正·斗彩灵芝花卉纹酒杯（一对）	H7.3	人 362.9	苏 2013 秋
857	清雍正·斗彩暗八仙纹碗（一对）	D13.3	人 335	佳 2013 春
858	清雍正·斗彩长春白头图小梅瓶	H9.5	人 137.9	苏 2013 春
859	清雍正·斗彩龙纹水盂	D6.2	人 230	保 2013 春
860	清雍正·斗彩龙文罐	H10.2	人 5175	嘉 2013 秋
861	清雍正·斗彩花卉纹小碗	D10.5	人 170.6	嘉 2013 秋
862	清雍正·斗彩缠枝莲托梵文敞口杯（一对）	D6.1	人 368.9	苏 2013 春
863	清雍正·斗彩蝶恋花盘	D20.8	人 639.1	佳 2013 春
864	清雍正·斗彩灵仙祝寿图盘	D20.7	人 272.6	苏 2013 春
865	清雍正·斗彩龙马河图盘	D20.2	人 116.4	佳 2013 春
866	清雍正·斗彩团菊纹杯	D7.3	人 272.6	苏 2013 春
867	清雍正·斗彩竹石梅花纹罐（两件）	H7.3	人 112.7	翰 2013 春
868	清雍正·斗彩三多纹小杯	D7	人 172.5	保 2013 秋
869	清雍正·斗彩荷塘鸳鸯墩式碗	D16	人 71.3	保 2013 春
870	明嘉靖·五彩荷塘鱼藻纹罐	D40.5	人 2075.5	苏 2013 秋
871	明万历·五彩鱼藻纹蒜头瓶	H40.3	人 39.4	苏 2013 秋
872	明嘉靖·红绿彩云龙纹方罐	D13	人 176.4	苏 2013 秋
873	清康熙·五彩花神杯	H6.3	人 126.2	苏 2013 秋
874	清康熙·五彩枸杞纹高足杯	H7.1	人 55.2	嘉 2013 秋
875	清康熙·五彩博古图大笔筒	D19	人 115	保 2013 秋
876	清康熙·五彩花神杯	D6.6	人 258.9	佳 2013 春
877	清康熙·釉下三彩一路连科图罐	H31.5	人 17.2	嘉 2013 秋
878	清康熙·白地素三彩暗龙蝶纹碗	D14.9	人 335	佳 2013 春

序号	器物名称（年代）	尺寸（cm）	价格（万元）	拍卖时间
879	清雍正·粉彩洞石花蝶盘口瓶	H38	人 477.5	佳 2013 春
880	清雍正·粉彩菊花折沿盘	D17.5	人 3455.8	苏 2013 秋
881	清雍正·粉彩月季花纹撇口瓶	D17.9	人 484.4	苏 2013 春
882	清雍正·粉彩花卉花瓶	H42.5	人 663.3	佳 2013 秋
883	清乾隆·豆青地粉彩松竹梅纹天球瓶	H44	人 425.5	保 2013 春
884	清乾隆·粉彩雕塑菩萨像	H33	人 264.5	保 2013 秋
885	清乾隆·粉彩开光花卉御制诗文六方笔筒	H9.8	人 362.9	苏 2013 秋
886	清乾隆·粉彩百鹿尊	H44.4	人 762.6	佳 2013 春
887	明永乐·青花折枝瑞果纹梅瓶	H28	人 3814	苏 2014 春
888	明永乐·青花石榴花纹菱口盘	D20	人 460	嘉 2014 春
889	明永乐·青花花卉罐	D13	人 173.5	佳 2014 秋
890	明永乐·青花缠枝莲花口盘	D37.8	人 920	翰 2014 秋
891	明宣德·青花凤穿花纹瓶	H14	人 458.8	嘉 2014 春
892	明宣德·青花缠枝莲纹撇口碗	D19.5	人 401.8	苏 2014 秋
893	明宣德·青花枝莲托入吉祥纹罐	D19.8	人 345	嘉 2014 春
894	明宣德·青花莲枝纹小罐	H8.2	人 345	翰 2014 秋
895	明宣德·青花灵芝纹竹节式鸟食罐	H9.8	人 83.8	苏 2014 秋
896	明成化·青花婴戏花卉三层盖盒（四节盒）	H15	人 59.3	苏 2014 秋
897	明成化·青花缠枝秋葵纹碗	D14.7	人 4439	苏 2014 秋
898	明弘治·青花高士飞龙诸葛碗	D17	人 15.4	嘉 2014 春
899	明成化·青花缸	D28.8	人 128.6	佳 2014 春
900	明嘉靖·青花鱼澡纹洗	D16.2	人 582.9	佳 2014 春
901	明万历·青花碗	D23.8	人 135.7	佳 2014 秋
902	明万历·青花波涛海兽碗	D20.3	人 107.4	苏 2014 春
903	明万历·青花龙凤纹水盂	D13.3	人 59.2	苏 2014 春
904	明万历·青花花鸟纹铺首绣墩	H36.5	人 25.3	太 2014 春
905	明崇祯·青花东山报捷纹筒瓶	H44	人 90.8	太 2014 春
906	明崇祯·青花昙花记之效游点化人物故事炉	D21.5	人 36.8	嘉 2014 春
907	清早期·青花山水携琴访友盖罐	H29.5	人 34.5	翰 2014 春
908	清康熙·青花缠枝莲开光山水人物棒槌瓶	H70.8	人 59.8	嘉 2014 秋
909	清康熙·青花摇铃尊	H24	人 659.2	佳 2014 春
910	清康熙·青花"寿"字凤尾尊（一组三件）	H71.1	人 88.5	苏 2014 秋
911	清康熙·青花八卦纹铃铛杯（两件）	D8	人 207	翰 2014 春
912	清康熙·青花龙凤纹碗	D15.3	人 49.3	苏 2014 春
913	清康熙·青花夜游赤壁诗文笔筒	H14	人 70	翰 2014 秋
914	清雍正·青花淡描花卉纹杯一对	D7	人 69	嘉 2014 春
915	清雍正·青花缠枝莲纹碗一对	D11.7	人 69.1	苏 2014 春

序号	器物名称（年代）	尺寸（cm）	价格（万元）	拍卖时间
916	清雍正·青花八宝纹小高足杯	D9.2	人 126.5	嘉 2014 秋
917	清雍正·青花龙纹碗	D9.5	人 99.6	佳 2014 春
918	清雍正·青花缠枝花卉盘	D39.5	人 345	翰 2014 秋
919	清雍正·青花番莲纹馒头心碗	D15.3	人 135.8	苏 2014 春
920	清雍正·青花岁寒三友图小罐	口径 7	人 69.2	苏 2014 秋
921	清雍正·青花蓝地白花花口碗	D19.4	人 39.4	佳 2014 秋
922	清乾隆·青花山水纹大瓶	H53.4	人 116.7	佳 2014 秋
923	清乾隆·青花三果纹梅瓶	H32.5	人 126.5	翰 2014 秋
924	清乾隆·青花竹石芭蕉纹玉壶春瓶	H28.5	人 575	翰 2014 秋
925	清乾隆·青花八吉祥纹抱月瓶	H50.8	人 485.6	佳 2014 春
926	清乾隆·青花黄地青花缠枝莲梅瓶	H35.3	人 2300	翰 2014 秋
927	清乾隆·青花黄地青花折技花果纹天球瓶	H53	人 328	苏 2014 春
928	清乾隆·青花缠莲纹贯耳	H50	人 517.5	嘉 2014 春
929	清乾隆·青花锦地缠枝花卉壮罐	H28.3	人 57.5	翰 2014 秋
930	清乾隆·青花云鹤八卦纹碗	H13.8	人 184	翰 2014 春
931	清道光·青花缠枝莲纹赏瓶	H36.8	人 149.5	翰 2014 秋
932	清咸丰·青花云鹤八卦纹碗	D13.8	人 23	嘉 2014 春
933	明洪武·釉里红缠枝牡丹纹玉壶春瓶	H32	人 1450.4	佳 2014 秋
934	明洪武·釉里红缠枝牡丹纹撇口碗	D20.4	人 287.9	苏 2014 秋
935	明宣德·釉里红三鱼纹高足杯	H8.8	人 3464.5	苏 2014 秋
936	清康熙·釉里红团龙纹碗一对	D14.6	人 176.8	佳 2014 春
937	清乾隆·釉里红团龙纹葫芦瓶	H30.2	人 1610	嘉 2014 秋
938	清雍正·青花釉里红三果纹玉壶春瓶	H38	人 1127	翰 2014 春
939	清康熙·青花釉里红团花纹摇铃尊	H23	人 454.8	嘉 2014 秋
940	清乾隆·青花釉里红人物小盘一对	D7.6	人 44.4	苏 2014 秋
941	清乾隆·青花釉里红诗文抱月瓶	H26.5	人 74.7	嘉 2014 春
942	清雍正·青花斗彩碗	D15.2	人 437.3	佳 2014 春
943	明成化·斗彩鸡缸杯	D8.2	人 22217.9	苏 2014 春
944	清康熙·斗彩龙凤纹浅腹碗	D11.4	人 207	嘉 2014 春
945	清康熙·斗彩缠枝花卉"万寿"直口碗	D14.5	人 904.9	嘉 2014 秋
946	清雍正·斗彩花蝶弦纹碗	D17.5	人 143.7	嘉 2014 春
947	清雍正·斗彩三多纹碗	D16	人 306.5	苏 2014 春
948	清雍正·斗彩喜上眉梢图小瓶	H8.7	人 64.2	苏 2014 秋
949	清雍正·斗彩番莲纹碗	D10.2	人 154.8	苏 2014 春
950	清雍正·斗彩梅鹊报喜图卧足杯	D6.9	人 477.7	苏 2014 秋
951	清雍正·斗彩鸡缸杯一对	D8	人 2619.6	苏 2014 春
952	清雍正·斗彩一路连科图卧足杯	D8	人 193	苏 2014 秋

序号	器物名称（年代）	尺寸（cm）	价格（万元）	拍卖时间
953	清雍正·斗彩翠竹纹小酒杯	D6.5	人183.5	苏2014秋
954	清雍正·斗彩花卉盘	D20	人184	翰2014秋
955	清雍正·斗彩并蒂莲纹小盘一对	D11.7	人117	苏2014秋
956	清雍正·斗彩芝仙贺寿图盘一对	D20.6	人582	佳2014春
957	清乾隆·斗彩龙纹盘	D20.1	人135.7	佳2014秋
958	清道光·斗彩兰草纹杯	D5.8	人51.7	翰2014春
959	明嘉靖·红绿彩水波龙纹杯	D8.7	人49.4	苏2014秋
960	明万历·五彩花果纹盘	D26.3	人88.4	苏2014春
961	明隆庆·五彩双龙戏珠纹盘	D34	人107.4	苏2014春
962	清康熙·米黄地五彩玉堂富贵玉壶春瓶	H25.3	人8970	翰2014秋
963	清康熙·五彩龙纹碗	D13.1	人109.3	佳2014春
964	清康熙·五彩婴戏图大碗一对	D22.7	人59.8	嘉2014秋
965	清康熙·五彩花鸟图卧足碗	D13.6	人401.3	苏2014春
966	清康熙·五彩花神杯	H7	人163.7	嘉2014秋
967	清康熙·五彩荷塘鸳鸯碗	D17.7	人115	嘉2014秋
968	清康熙·素三彩暗刻龙纹花果纹盘	D24.8	人115	嘉2014秋
969	清康熙·素三彩花果纹盘	D25.1	人107.3	嘉2014秋
970	清康熙·粉彩杯	D6.3	人75.3	佳2014春
971	清康熙·釉里三彩山水人物笔筒	D18	人23	嘉2014春
972	清雍正·粉彩玉堂富贵天球瓶	H51	人968	佳2014春
973	清雍正·粉彩人物纹撇口瓶	H24.5	人2801.1	佳2014春
974	清雍正·粉彩菊花笠式碗	D10.1	人401.8	苏2014秋
975	清雍正·粉彩花蝶纹碗	D14.8	人49.4	苏2014秋
976	清雍正·粉彩喜鹊登梅小杯	D5.5	人92	嘉2014秋
977	清雍正·粉彩榴开百子花卉碗	D12	人253	翰2014秋
978	清雍正·粉彩花鸟长颈瓶	H32	人167.2	佳2014春
979	清雍正·粉彩蝶恋花小碗	D9	人126.5	嘉2014秋
980	清雍正·粉彩福寿纹盘一对	D20.7	人3701.6	佳2014春
981	清雍正·粉彩福寿双全盘	D21	人408.4	佳2014春
982	清乾隆—嘉庆·粉彩双耳大瓶	H74.3	人109.3	佳2014春
983	清光绪·粉彩暗八仙长方形水仙盆	长47	人40.2	翰2014秋
984	清宣统·粉彩百蝶赏瓶	H38.5	人46	翰2014秋
985	清雍正·御制豆青釉长颈瓶	22.4	人215.4	佳2014春
986	清雍正·粉青釉双弦纹六方贯耳瓶	H27.9	人1332	苏2014秋
987	清雍正·粉彩釉碗一对	D12.6	人176.6	佳2014春
988	清乾隆·青釉仿古尊	H38	人3455.8	佳2014秋
989	清康熙·豇豆红釉太白尊	D12.6	人138	佳2014春

序号	器物名称（年代）	尺寸（cm）	价格（万元）	拍卖时间
990	清乾隆·红釉梅瓶	H29.2	人98	苏2014秋
991	明弘治·娇黄釉盘	D21.8	人115	嘉2014春
992	明宣统·柠檬黄碗	D12.1	人273.3	佳2014春
993	清雍正·祭蓝釉梅瓶	H26.5	人340	佳2014春
994	清乾隆·窑变釉双耳长颈瓶	H21	人93.3	苏2014秋
995	明永乐·青花花卉阿拉伯文档尊	H17	人690	保2015春
996	明永乐·青花轮花绶带耳葫芦瓶	H25	人517	保2015春
997	明永乐·青花寿桃小碗	D11	人402	保2015春
998	明永乐·青花折枝瑞果纹梅瓶	H29	人845	苏2015秋
999	明永乐·青花海水葡萄纹折沿盘	D37	人632	嘉2015秋
1000	明永乐·青花葡萄纹菱口盘	D43.2	人3206	苏2015春
1001	明永乐·青花葡萄纹大盘	D38	人598	保2015秋
1002	明宣德·黄地青花内菊花海浪花果盘	D32	人897	保2015春
1003	明宣德·青花牵牛花四方倭角瓶	H13.8	人3683	苏2015春
1004	明宣德·青花缠枝牡丹小罐	H13.3	人11.5	嘉2015春
1005	明宣德·青花缠枝莲大碗	D22	人1667	保2015春
1006	明宣德·青花缠枝白鹭纹蛐蛐罐	D14	人103	保2015春
1007	明天顺·青花人物故事大罐	H29	人63	保2015春
1008	明成化·青花莲池纹罐	D18.3	人172	保2015春
1009	明嘉靖·青花岁寒三友福寿纹碗	D13.8	人6.9	瀚2015春
1010	明弘治·黄地青花折枝花果纹盘	D26.5	人345	保2015秋
1011	明嘉靖·绿地青花松寿纹四方盘	D14.3	人4.6	嘉2015春
1012	明嘉靖·青花"风调雨顺"葫芦瓶	H47.2	人89.7	佳2015春
1013	明嘉靖·青花荷塘鱼藻纹罐	H20.6	人154	苏2015秋
1014	明嘉靖·青花缠枝莲大碗	D40.2	人28.7	苏2015秋
1015	明嘉靖·青花福禄寿大碗	H34	人230	保2015春
1016	明嘉靖·青花花卉大碗	D30.4	人63.2	保2015春
1017	明正德·青花缠枝莲纹渣斗	D15.5	人380	保2015春
1018	明隆庆·青花外题诗内人物碗	D11.5	人42.3	苏2015春
1019	明嘉靖·十六子婴戏图大罐	H34	人989	保2015秋
1020	明万历·青花山水人物纹碗	D14	人32.8	佳2015春
1021	明万历·青花缠枝双龙盖盒	24*15	人418	保2015春
1022	明万历·青花穿花龙纹罐	H20.9	人26.7	苏2015秋
1023	明万历·青花梵文莲瓣盘	D18.9	人56.5	苏2015秋
1024	明万历·青花穿枝龙盖盒	D29.7	人322	苏2015秋
1025	明万历·青花高士图瓷板	D15.2	人6.9	保2015春
1026	明万历·青花花卉大花觚	H78.5	人59.8	保2015春

序号	器物名称（年代）	尺寸（cm）	价格（万元）	拍卖时间
1027	明万历·青花龙凤人物小方尊	H12.3	人69	保2015春
1028	明万历·青花龙凤人物纹兽耳衔环瓶	H16.8	人11.5	嘉2015秋
1029	明万历·青花仙人寿字罐	H9.6	人70	嘉2015春
1030	明万历·青花鸳鸯踏荷鱼缸	D55.7	人101	苏2015春
1031	明万历·青花龙纹大盘	D38.3	人83.9	佳2015春
1032	明万历·青花缠枝花卉瓜棱提梁壶	H33.7	人92	瀚2015秋
1033	明万历·青花庭院凤凰纹大盖罐	H67	人483	保2015秋
1034	明天启·青花花篮洗	D32.7	人103	保2015秋
1035	明崇祯·青花奉祀文昌图筒瓶	H45	人39	苏2015春
1036	明崇祯·青花明皇狩猎筒式瓶	H40.6	人50.8	佳2015春
1037	明崇祯·青花人物故事笔筒	H16.5	人46.9	佳2015春
1038	明崇祯·青花三国演义凤仪亭人物故宫筒瓶	H44.7	人92	嘉2015春
1039	明崇祯·青花桃花源人物故事盖罐	D19.7	人58.6	佳2015春
1040	清顺治·青花翠鸟纹莲子盖罐	H28.4	人66.5	佳2015春
1041	明末清初·青花三国演义人物故事葫芦瓶	H34.1	人32.8	佳2015春
1042	清康熙·黄地青花福寿龙纹碗	D13.1	人66.7	苏2015秋
1043	清康熙·青花缠枝秋葵纹碗	D14.6	人27.8	苏2015秋
1044	清康熙·青花叱石成羊杯	D7.3	人64.4	保2015春
1045	清康熙·青花魁星点斗图笔筒	D18	人28	嘉2015秋
1046	清康熙·青花米芾山水图棒槌瓶	H45.5	人464	佳2015春
1047	清雍正·青花八仙过海图杯三件	D7.6	人166	佳2015春
1048	清雍正·青花缠枝莲小杯一对	D7.1	人56.6	苏2015秋
1049	清乾隆·青花苍龙教子撇口瓶	H28.8	人207	保2015春
1050	清嘉庆·青花缠枝莲铺首耳尊	H25.3	人107	苏2015春
1051	清道光·青花梵文缠枝莲高足杯	D8.9	人13	苏2015春
1052	清同治·青花岁寒三友图盘一对	D17.8	人22	苏2015春
1053	清同治·青花双凤纹盘	D27	人4	嘉2015秋
1054	清光绪·青花云龙盖盒	D27	人28	佳2015春
1055	清雍正·青花斗彩鸡缸杯	D8	人724	佳2015春
1056	清雍正·青花荷塘鸳鸯卧足盘	D17.8	人77.5	嘉2015秋
1057	清雍正·青花祥云八仙图碗	D10.6	人697	苏2015秋
1058	清雍正·斗彩加粉彩三多纹碗	D15.9	人435	佳2015春
1059	清雍正·斗彩加粉彩祥云八仙碗	D10.5	人517	苏2015秋
1060	清雍正·斗彩加粉彩寿山福海盘	D15.3	人80.7	苏2015春
1061	清雍正·斗彩加粉彩灵仙祝寿盘	D20.5	人207	保2015春
1062	清雍正·斗彩加粉彩群仙贺寿盘一对	D20.6	人464	嘉2015春
1063	清雍正·斗彩加粉彩团花纹罐	H17.8	人318	佳2015春

序号	器物名称（年代）	尺寸（cm）	价格（万元）	拍卖时间
1064	清乾隆·斗彩加粉彩荷塘鸳鸯图梵文罐	D16.5	人126.5	保2015秋
1065	清乾隆·斗彩加粉彩番莲团菊纹盖罐	H12.1	人161	苏2015春
1066	清乾隆·斗彩加粉彩团菊罐	H11	人230	保2015春
1067	清道光·斗彩加粉彩团花纹马蹄碗	D15.2	人38.3	苏2015春
1068	清康熙豇豆红太白尊	H12.5	人270	嘉2015春
1069	清康熙豇豆红镗锣洗	D12	人281	保2015秋
1070	清康熙豇豆红碗	D18	人13.3	苏2015春
1071	明末清初·五彩雉鸡牡丹笔筒	D20.3	人115.8	佳2015春
1072	清顺治·五彩瑞兽筒花觚	H39.4	人66.5	佳2015春
1073	清顺治·五彩洞云花卉筒瓶	H47.2	人345.8	佳2015春
1074	清康熙·五彩穿花龙凤纹盘	D15.3	人26.7	苏2015秋
1075	清康熙·五彩莲托八宝大花盆	D50	人69	保2015春
1076	清康熙·五彩蝶恋花团小杯	H6.4	人401	苏2015秋
1077	清康熙·五彩芙蓉花神杯	D6.5	人351	苏2015秋
1078	清康熙·五彩开光"犀牛望月"棒槌瓶	H46	人40.2	保2015春
1079	清康熙·五彩花果高足杯	H7.5	人92	保2015春
1080	清康熙·五彩水仙花花神杯	D6.5	人116.6	佳2015秋
1081	清康熙·五彩凤纹盖罐一对	H59.7	人30.2	苏2015秋
1082	清雍正·五彩龙凤呈祥碗	D15	人579	佳2015春
1083	清雍正·珊瑚红地五彩入秋花卉碗	D13	人428	保2015春
1084	清嘉庆·五彩龙凤纹碗	D12.7	人50.4	苏2015春
1085	清康熙·黄地素三彩龙纹大盘	D35.5	人59	嘉2015秋
1086	清康熙·三彩龙纹碗一对	D15.5	人48.4	嘉2015秋
1087	清康熙·素三彩海马杂宝多穆壶	H40.1	人7.1	佳2015秋
1088	明初·白釉宝球钮盖罐	H33.5	人106	佳2017秋
1089	明永乐·白釉暗刻缠枝花卉菱口盘	D19.5	人264	保2017春
1090	明永乐·甜白釉暗花缠枝牡丹纹梅瓶		人2617	佳2017秋
1091	明永乐·甜白釉暗刻平安颂缠枝莲纹僧帽壶	H20.2	人460	保2017春
1092	明万历·白釉执壶	H19.9	人149	保2017秋
1093	清康熙·白釉模印菊花盖盒	D16.2	人55	苏2017春
1094	清雍正·白釉橄榄瓶	H43	人207	保2017春
1095	清乾隆·白釉雕二龙戏珠纹撇口瓶	H28.7	人166	苏2017秋
1096	明永乐·青花缠枝花卉菱式折沿盘	D33.7	人596	苏2017春
1097	明永乐·青花花卉纹鸡心碗	D10	人483	保2017春
1098	明永乐·青花轮花纹绶带耳葫芦瓶	H26	人893	保2017春
1099	明永乐·青花折枝花果纹梅瓶	H28.6	人2295	苏2017秋
1100	明宣德·青花夔龙纹罐	D19	人2949	苏2017秋
1101	明宣德·青花鱼藻纹菱口大碗	D23	人20407	苏2017春

序号	器物名称（年代）	尺寸（cm）	价格（万元）	拍卖时间
1102	明宣德·青花云龙纹葵花式洗	D20.7	人 1171	苏 2017 春
1103	明成化·青花狮子戏球纹大碗	D20.6	人 1398	苏 2017 春
1104	明弘治·黄地青花栀子花盘	D26.1	人 1024	苏 2017 春
1105	明嘉靖·青花赶珠云龙纹盘	D16.4	人 167	苏 2017 春
1106	明正德·黄地青花石榴花纹大盘	D29	人 678	保 2017 春
1107	明嘉靖·青花赶珠云龙纹盘	D16.4	人 167	苏 2017 春
1108	明万历·青花双龙戏珠花口洗	D38.2	人 133	佳 2017 春
1109	明万历·青花双龙戏珠纹碗	D21.1	人 42	佳 2017 春
1110	明崇祯·青花人物故事筒瓶	D48	人 54	保 2017 春
1111	明崇祯·青花十八罗汉大香炉	D24	人 46	保 2017 春
1112	清康熙·青花花蝶图铃铛杯	H7.5	人 172	保 2017 春
1113	清康熙·青花龙凤纹碗	D15	人 155	苏 2017 春
1114	清康熙·青花狩猎图大花觚	H43.5	人 18	保 2017 秋
1115	清康熙·青花鱼藻纹小缸	D23.5	人 20.7	佳 2017 春
1116	清雍正·青花三友报喜纹笔筒	H14	人 55.6	苏 2017 春
1117	清雍正·青花对头凤纹盘	D16.2	人 32.5	佳 2017 秋
1118	清雍正·青花松竹梅小罐	H5	人 115	保 2017 秋
1119	清乾隆·青花缠枝莲纹双耳扁瓶	H51	人 253	保 2017 秋
1120	清乾隆·青花缠枝莲纹双龙耳扁瓶	H44.5	人 2000	苏 2017 秋
1121	清乾隆·青花夔凤云蝠莲花尊	H32	人 437	保 2017 秋
1122	清乾隆·青花折枝花果纹六方瓶	H65	人 904	苏 2017 秋
1123	清乾隆·青花云龙纹碗（一对）	D15	人 259	苏 2017 春
1124	清乾隆·青花戏珠纹折沿盆	D40.5	人 83	苏 2017 秋
1125	清嘉庆·青花缠枝莲纹三足炉	D22.5	人 63.8	佳 2017 秋
1126	清嘉庆·青花三清御题茶碗	D11	人 40	保 2017 春
1127	清道光·青花八仙过海图碗	D10.8	人 5	苏 2017 春
1128	清道光·青花缠枝莲赏瓶	H37.5	人 172	保 2017 秋
1129	清道光·青花折枝花果纹蒜头瓶	H28.1	人 239	佳 2017 春
1130	清咸丰·青花缠枝莲纹盘	D15.5	人 2.5	苏 2017 春
1131	清同治·青花竹石芭蕉图玉壶春瓶	H30	人 19	苏 2017 春
1132	十九世纪·青花缠枝莲纹坐墩一对	H45	人 8.6	苏 2017 春
1133	明洪武·釉里红缠枝牡丹纹大碗	D21	人 299	保 2017 春
1134	明洪武·釉里红缠枝牡丹纹折沿盘	D19.6	人 69	保 2017 秋
1135	清康熙·釉里红云龙戏珠纹碗	D14.8	人 53.9	苏 2017 秋
1136	清乾隆·釉里红九龙纹直口瓶	H30.3	人 88.7	佳 2017 春
1137	清乾隆·祭红釉梅瓶	H29	人 100	苏 2017 春
1138	清乾隆·釉里红玉壶春瓶	H30	人 49.8	苏 2017 秋
1139	清乾隆·青花釉里红八仙纹大碗	D22.7	人 46	保 2017 秋

序号	器物名称（年代）	尺寸（cm）	价格（万元）	拍卖时间
1140	清雍正·青花釉里红太极八卦莱芙尊	H18	人1.5	佳2017秋
1141	清乾隆·青花釉里红狮子绣球蒜头瓶	H45.3	人230	保2017秋
1142	十八世纪·青花釉里红牡丹双凤纹方壶	H15.5	人133	苏2017春
1143	十八世纪·青花釉里红八仙人物葫芦形壶	H16	人25.8	苏2017春
1144	明万历·青花五彩婴戏图罐	H13.1	人473	保2017春
1145	明万历·青花五彩云龙长方文具盒	34.5*12	人172	保2017秋
1146	明万历·青花五彩雉鸡牡丹花口洗	D27.2	人276	保2017秋
1147	清康熙·青花矾红海水九龙纹碗一对	D18.8	人178	苏2017春
1148	清康熙·五彩仕女图葫芦瓶一对	H15.5	人6.4	苏2017春
1149	清乾隆·青花矾红海水龙纹盘	D17.6	人14.2	苏2017春
1150	清道光·青花胭脂红八仙过海纹碗	D22.1	人20	苏2017春
1151	清道光·青花加彩宝相花寿字象耳大瓶	H63	人103	保2017秋
1152	王步作青花粉彩九桃瓶	H37	人633	佳2017秋
1153	明成化·斗彩月季花高足杯	D7.7	人800	苏2017春
1154	明成化·斗彩花卉天字罐	H9	人241	保2017春
1155	明嘉靖·鸳鸯莲荷纹盘	D12	人78	嘉2017秋
1156	清康熙·斗彩荷塘清趣小杯	D6	人103	嘉2017春
1157	清康熙·仿成化斗彩鸡缸杯	D7	人32	保2017春
1158	清康熙·洒蓝地斗彩人物图棒槌瓶	H43	人13	苏2017春
1159	清雍正·斗彩花蝶纹杯	D9.2	人60	佳2017春
1160	清雍正·斗彩鸡缸杯	D8.2	人1078	苏2017春
1161	清乾隆·斗彩暗八仙纹盘	D20	人27.6	佳2017春
1162	清康熙·五彩人物故事图盘一对	D17.2	人29	保2017秋
1163	清康熙·五彩双龙戏珠盘	D14.6	人10.3	佳2017春
1164	清康熙·五彩三月桃花花神杯	D6.6	人276	保2017春
1165	清康熙·五彩十一月梅花花神杯	D6.7	人270	保2017春
1166	辽·三彩碗两件	D24.3	人7.6	苏2017春
1167	辽·三彩鱼形壶	H15.3	人20	嘉2017春
1168	清嘉庆·粉彩九桃盘一对	D19.5	人109	保2017秋
1169	清嘉庆·蓝地轧道开光粉彩人物纹碗	D15	人13.8	保2017秋
1170	清道光·粉彩暗八仙纹碗一对	D14.1	人15.3	苏2017春
1171	清嘉庆·紫地粉彩香莲八吉祥喷巴壶	H26	人329	苏2017春
1172	清道光·粉彩松石绿地缠枝莲长颈瓶	H33	人13.8	苏2017春
1173	清同治·粉彩花卉碗一对	D15.4	人12	苏2017春
1174	清宣统·粉彩云龙玉壶春瓶一对	H13.4	人27.3	苏2017春
1175	清乾隆·祭红长颈瓶	H22.4	人195	保2017春
1176	清乾隆·祭红梅瓶	H23.7	人205	保2017秋
1177	清乾隆·祭红胆式瓶	H22.9	人188	嘉2017春

序号	器物名称（年代）	尺寸（cm）	价格（万元）	拍卖时间
1178	清道光·祭红长颈瓶	H29.7	人35	苏2017春
1179	清雍正·窑变釉铺首耳尊	H26	人483	保2017春
1180	清道光·窑变釉贯耳方瓶	H30.3	人33.4	佳2017春
1181	清乾隆·炉钧釉灯笼尊	H23.3	人51.7	保2017秋
1182	清乾隆·仿木釉碗	D12.3	人3.4	嘉2017春
1183	19—20世纪仿木釉桶式花盆一对	D12.6	人9.2	苏2017春
1184	清末·仿木釉花盆一对	D20.2	人9.5	苏2017春
1185	清雍正·茶叶末花盆一对	D14.1	人176	保2017秋
1186	清雍正·茶叶末花盆一对	D22.5	人322	保2017秋
1187	清乾隆·茶叶末釉荸荠瓶	H33	人171	佳2017春
1188	清乾隆·茶叶末釉小撇口瓶	H25.2	人146	保2017秋
1189	清乾隆·茶叶末釉杏圆贯耳方瓶	H35	人299	保2017春
1190	明洪武·青花缠枝莲玉壶春瓶	H32.5	人264	保2018春
1191	明洪武·青花灵芝番莲菱口折沿盏托	D19.6	人196	苏2018秋
1192	明永乐·青花灵芝番莲纹石榴尊	H18.6	人368	保2018秋
1193	明永乐·青花宝相花绶带葫芦扁瓶	H31.5	人1109	苏2018秋
1194	明永乐·青花缠枝牡丹执壶	H30	人541	佳2018秋
1195	明永乐·青花葡萄纹折沿盘	D37.3	人659	苏2018秋
1196	明永乐·青花葡萄纹折沿盘	D38	人775	佳2018秋
1197	明永乐·青花花果纹菱花式小盘	D13	人375	苏2018春
1198	明永乐·青花缠枝月季笠式碗	D20	人408	苏2018秋
1199	明宣德·青花缠枝花卉执壶	H22	人1989	苏2018春
1200	明宣德·青花缠枝八吉祥罐	H18	人460	保2018春
1201	明宣德·青花缠枝花果瓜棱罐	H11.4	人264	佳2018秋
1202	明宣德·青花缠枝葡萄纹葫芦形鸟食罐	H6.1	人172	佳2018春
1203	明宣德·青花缠枝花卉豆	H10	人34	保2018秋
1204	明宣德·青花缠枝石榴花盘	D295	人376	苏2018秋
1205	明宣德·青花缠枝地留白石榴纹大盘	D51	人195	保2018秋
1206	明宣德·青花缠枝龙纹大碗	D21	人1766	佳2018春
1207	明宣德·青花缠枝矾红海兽高足杯	D9.9	人982	佳2018春
1208	明宣德·青花缠枝海水龙纹钵	D26	人92	保2018春
1209	明宣德·青花缠枝莲托八宝大碗	D28	人138	保2018春
1210	明正德·青花黄地青花石榴长盘	D29.2	人722	苏2018秋
1211	明嘉靖·青花庭院婴戏图罐	H34.5	人1207	保2018秋
1212	明嘉靖·青花团龙团凤碗	D9.5	人51.7	保2018春
1213	明嘉靖·青花龙纹杯	D11.2	人64	佳2018秋
1214	明嘉靖·青花婴戏图杯	D8.7	人41	苏2018秋
1215	明嘉靖·青花松下捣药图盖盒	L15.7	人132	保2018秋

序号	器物名称（年代）	尺寸（cm）	价格（万元）	拍卖时间
1216	明万历·青花孔雀牡丹绣墩一对	H36	人57	保2018秋
1217	明万历·青花龙纹四方香炉	H10	人46	保2018秋
1218	明万历·青花梵文莲瓣供盘	D19	人71	保2018秋
1219	明万历·青花龙凤穿花杯	D9.5	人26.4	保2018秋
1220	明万历·青花双龙捧盒	D18.5	人86	保2018秋
1221	明万历·青花人物故事折沿洗	D35.5	人178	保2018春
1222	明崇祯·青花花鸟人物筒瓶	H45.2	人66.8	苏2018春
1223	明崇祯·青花山水人物三足笔筒	D20.5	人69	嘉2018春
1224	明崇祯·青花洗象图大笔筒	H26	人85	保2018春
1225	清顺治·青花花鸟纹莲子罐	H31	人9.2	嘉2018春
1226	清康熙·青花百鹿图大棒槌瓶	H72	人216	嘉2018春
1227	清康熙·青花夔凤纹双陆尊	H18.7	人87.2	苏2018秋
1228	清康熙·青花庭院仕女图碗	D19.5	人1632	苏2018秋
1229	清雍正·青花缠枝花卉撇口大尊	H70	人931	苏2018秋
1230	清康熙·青花釉里红圣主得贤臣颂大笔筒	D19.2	人585	苏2018秋
1231	清乾隆·青花釉里红龙纹扁瓶	H38.5	人241	保2018春
1232	清乾隆·青花釉里红八仙过海碗	D13	人25.7	嘉2018秋
1233	清雍正·斗彩松竹梅纹杯	D8.5	人205	嘉2018秋
1234	清雍正·斗彩云蝠纹小杯一对	D7	人218	嘉2018秋
1235	清雍正·斗彩三多杯一对	D7.3	人114	嘉2018春
1236	清雍正·斗彩卧足小杯	D7.4	人89	嘉2018秋
1237	清雍正·斗彩仿成化鸡缸杯	D8	人40	保2018秋
1238	清乾隆·斗彩莲托八宝纹贲巴壶	H19.3	人437	嘉2018秋
1239	清乾隆·斗彩瑞莲福至心灵水盂	H5.5	人897	保2018秋
1240	清道光·斗彩缠枝花卉盖碗一对	D6.1	人59	苏2018春
1241	清乾隆·唐英墨彩云龙笔筒	D19.5	人373	保2018春
1242	清乾隆·唐英仿石纹诗文笔筒	H11.1	人230	保2018春
1243	清康熙·豇豆红柳叶瓶	H15.5	人460	保2018秋
1244	清康熙·豇豆红菊瓣瓶	H21.3	人391	保2018秋
1245	清康熙·豇豆红太白尊	D12.6	人356	保2018春
1246	清康熙·胭脂红马蹄杯	D8.3	人517	保2018秋
1247	清康熙·豇豆红镗锣洗	D11.6	人196	苏2018秋
1248	清康熙·豇豆红镗锣洗	D12	人111	苏2018春
1249	清康熙·豇豆红镗锣洗	D11	人92	保2018春
1250	清康熙·豇豆红暗刻团龙太白尊		人67.4	苏2018春
1251	清雍正·祭红胆式瓶	H39.4	人92	保2018春
1252	清雍正·胭脂红菊瓣盘	D16.1	人143	保2018春
1253	清雍正·霁红小杯	D7.3	人59.8	保2018春

附录四　明朝皇帝年代表

年号	庙号	谥号	姓名	出生时间·地点	即位年龄	建元干支	在位年数时间	去世时间·地点	去世年龄	陵墓及陵址	世系	生母
洪武	太祖	高	朱元璋	元天历元年（1328）九月十八日	41	戊申	31（1368—1398）	洪武三十一年闰五月初十日卒于西宫（南京）	71	孝 南京神烈山	仁祖第四子	淳皇后陈氏
建文		恭闵惠	允炆	洪武十年（1377）十一月初五日	22	己卯	4（1399—1402）	建文四年六月十三日失踪	26		太祖之孙，懿文太子之子	妃常氏
永乐	成祖	文	棣	元至正二十年（1360）四月十七日	43	癸未	22（1403—1424）	永乐二十二年七月十八日卒于榆木川	65	长 昌平	太祖第四子	硕妃
洪熙	仁宗	昭	高炽	洪武三十一年（1378）七月初二日生于凤阳	47	乙巳	1（1425—1425）	洪熙元年五月十二日卒于钦安殿	48	献 昌平	成祖长子	文皇后张氏
宣德	宣宗	章	瞻基	洪武三十一年（1398）二月初九日	28	丙午	10（1426—1435）	宣德十年正月初三日卒于乾清宫	38	景 昌平	仁宗长子	昭皇后张氏
正统天顺	英宗	睿	祁镇	宣德二年（1427）十一月十一日	10（23被俘，31复位）	丙辰丁丑	14（1436—1449）8（1457—1464）	天顺八年正月十七日卒于乾清宫	38	裕 昌平	宣宗长子	章皇后孙氏
景泰	代宗	景	祁钰	宣德三年（1428）八月十三日	22	庚午	8（1450—1457）	天顺元年二月十九日卒于西宫	30	景泰 海淀	宣宗次子	贵妃吴氏
成化	宪宗	纯	见深	正统十二年（1447）十一月初二日	18	乙酉	23（1465—1487）	成化二十三年八月二十二日卒于乾清宫	41	茂 昌平	英宗长子	孝肃太后周氏
弘治	孝宗	敬	祐樘	成化六年（1470）七月初三日生于西宫	18	戊申	18（1488—1505）	弘治十八年五月初七日卒于乾清宫	36	泰 昌平	宪宗第三子	孝穆太后纪氏
正德	武宗	毅	厚照	弘治四年（1491）九月二十四日	15	丙寅	16（1505—1521）	正德十六年三月十四日卒于乾清宫	31	康 昌平	孝宗长子	毅皇后张氏
嘉靖	世宗	肃	厚熜	正德二年（1507）八月初十日生于兴邸	15	壬午	45（1522—1566）	嘉靖四十五年十二月十四日卒于乾清宫	60	永 昌平	武宗之堂弟	献皇后蒋氏
隆庆	穆宗	庄	载垕	嘉靖十六年（1537）正月二十三日	30	丁卯	6（1567—1572）	隆庆六年五月二十六日卒于乾清宫	36	昭 昌平	世宗第三子	孝恪太后杜氏
万历	神宗	显	翊钧	嘉靖四十二年（1563）八月十七日	10	癸酉	48（1573—1620）	万历四十八年七月廿一日卒于弘德殿	58	定 昌平	穆宗第三子	孝定皇太后李氏
泰昌	光宗	贞	常洛	万历十年（1582）八月十一日	39	庚申	1月（1620—1620）	泰昌元年九月初一日卒于乾清宫	39	庆 昌平	神宗长子	孝靖皇太后王氏
天启	熹宗	悊	由校	万历三十三年（1605）十一月十四日	16	辛酉	7（1621—1627）	天启七年八月十一日卒于乾清宫	23	德 昌平	光宗长子	孝和皇太后王氏
崇祯	思宗	烈	由检	万历三十八年（1610）十二月二十四日生于东宫	18	戊辰	17（1628—1643）	崇祯十七年三月十九日吊死于景山	35	思 昌平	光宗第五子	孝纯皇太后刘氏

*此表摘自耿宝昌先生著《明清瓷器鉴定》一书。

附录五 清朝皇帝年代表

年号	庙号	谥号	姓名	出生时间·地点	即位年龄	建元干支	在位年数时间	去世时间·地点	去世年龄	陵墓及陵址	世系	生母
天命	太祖	武、高	爱新觉罗努尔哈赤	明嘉靖三十八年（1599）	58	丙辰	11（1616—1626）	天命十一年八月十一日卒于瑷鸡堡	68	福陵（沈阳东陵）	显祖长子	宣皇后喜塔剌氏
天聪 崇德	太宗	文	皇太极	明万历二十年（1592）十月二十五日申时生于赫图阿拉	35	丁卯 丙子	17（1627—1643）	崇德八年八月庚午（初九）亥时卒于盛京后宫	52	昭陵（沈阳北陵）	太祖第八子	孝慈皇后叶赫那拉氏
顺治	世祖	章	福临	崇德三年（1638）正月三十日戌时生于盛京永福宫	6	甲申	18（1644—1661）	顺治十八年一月丁巳（初七）卒于故宫养心殿	24	孝 遵化	太宗第九子	孝庄文皇后博尔济特氏
康熙	圣祖	仁	玄烨	顺治十一年（1654）三月十八日巳时生于故宫景仁宫	8	壬寅	61（1662—1722）	康熙六十一年十一月甲午（十三日）卒于畅春园寝宫	69	景 遵化	世祖第三子	孝康章皇后佟佳氏
雍正	世宗	宪	胤禛	康熙十七年（1678）十月三十日寅时生于故宫	45	癸卯	13（1723—1735）	雍正十三年八月己丑（二十三日）卒于圆明园	58	泰 易县	圣祖第四子	孝恭仁皇后乌雅氏
乾隆	高宗	纯	弘历	康熙五十年（1711）八月十三日子时生于雍和宫	25	丙辰	60（1736—1795）	嘉庆四年正月壬戌（初三）卒于故宫养心殿	89	裕 遵化	世宗第四子 八十五岁归政	孝圣宪皇后钮枯禄氏
嘉庆	仁宗	睿	颙琰	乾隆二十五年（1760）十月初六日丑时生于圆明园天地一家春	37	丙辰	25（1796—1820）	嘉庆二十五年七月己卯（二十五日）戌时卒于避暑山庄	61	昌 易县	高宗第十五子	孝仪纯皇后魏佳氏
道光	宣宗	成	旻宁	乾隆四十七年（1782）八月初十日寅时生于撷芳殿中所（南三所）	39	辛巳	30（1821—1850）	道光三十年一月丁未（十四日）卒于圆明园慎德堂	69	慕 易县	仁宗次子	孝淑睿皇后喜塔腊氏
咸丰	文宗	显	奕詝	道光十一年（1831）六月丑时生于御园湛静斋（后为基福堂）	20	辛亥	11（1851—1861）	咸丰十一年七月癸卯（十七日）卒于避暑山庄烟波致爽殿	31	定 遵化	宣宗第四子	孝全成皇后钮枯禄氏
同治	穆宗	毅	载淳	咸丰六年（1856）三月二十三日未时生于故宫储秀宫	6	壬戌	13（1862—1874）	同治十三年一月十二日卒于故宫养心殿东暖阁	19	惠 遵化	文宗长子	孝钦皇后叶赫那拉氏（慈禧皇太后）
光绪	德宗	景	载湉	同治十年（1871）六月二十六日	4	乙亥	34（1875—1908）	光绪三十四年十月癸酉（二十一日）酉时卒于瀛台涵元殿	38	崇 易县	文宗之侄（奕譞第二子）	奕譞福晋叶赫那拉氏
宣统			溥仪	光绪三十二年（1906）正月十四日生于后海醇邸	3	己酉	3（1909—1911）	一九六七年十月十七日二时三十分卒于北京	62	华龙皇家陵园 易县	德宗来侄	载沣福晋苏完瓜尔佳氏

*此表摘自耿宝昌先生著《明清瓷器鉴定》一书。

后记

这本书的出版，得到了社会各界朋友及家人的支持与帮助，这里落上一笔，表达我真诚的感谢。他们是学苑出版社的孟白总编辑，洪文雄副社长，及张佳乐编辑。特别是孟白先生，在我编写此书之初给我以指导并一同策划，成稿之后又亲自审阅校正。吾师耿宝昌先生与故宫博物院的金运昌研究员为本书题词，文字书写之刚正柔润，透出仙气，飘散古香，提升了本书的分量。同时还要感谢北京电视台的制片人陈笑老师、策划昆明老师等人鼎力相助。还有北京昊晨艺术品鉴定公司的龚辰、耿昊、王佳宁女士，我的学生朱兵，他们也都为我的成书付出了辛劳。还要感谢北大资源学院刘雄院长，中国收藏家协会曾黎明主任，同时也深深地感谢我夫人付桂梅给我的支持，如果说我有所成功，该有她的一半。

更该感谢的是参加北京电视台《拍宝》栏目的广大藏友们，本书收录的主要是参加节目的各位藏友的收藏品。如果没有他们的支持，没有他们到节目中去鉴赏藏品，就不会有本书的内容结构，也就没有这本书。

同时说明，由于我个人知识面有限，书中所写内容未必全面和妥帖，如有错漏、谬误，还望同行与读者批评指正，我愿意与同行讨论，从中得到提高。还是我的那句话，"三人同行必有我师"，我要在历练中学习，在学习中历练。

茶水无论是浓是淡，让清香永驻心间；无论距离是近是远，让情谊永远把我们彼此紧密相联。

朋友们，我想我们都是："不求名震八方，也不可恶名远扬，只求快乐安康，玩好收藏。"蓝天再高也在眼里，大海再阔也有边界，收藏的情趣可是无边无际。

有人说："人生就像一架飞机，飞得高飞得远固然重要，但能安全着陆更重要。"我很同意这样的说法。我已是年近八旬，我要走好余生，到那时给自己的一生画上一个圆满的句号。

李 臣

2018年12月于北京